安部恭子
橋谷由紀
［編著］

「みんな」の学級経営

伸びる つながる

6年生

東洋館出版社

目次 CONTENTS 「みんな」の学級経営 伸びる つながる 6年生

プロローグ

学級経営を学ぼう ……… 005
- [小学校の学級経営] 学級経営の充実を図るために ……… 006
- [6年生の学級経営] 中学校生活に向けての意識づくりを ……… 014

第1章

ちょっとひと工夫！
6年生の教室環境づくり ……… 017
- 子供たちの思いのあふれる教室に ……… 018
- 学級の合言葉のつくり方と、達成に向かうための活動 ……… 020
- 学習のねらいに合った座席配置 ……… 022
- 所属感と創意工夫を大切にする「係ポスター」 ……… 024
- 創意工夫の係コーナーと計画的な活動 ……… 026
- 学級のあゆみを大切にした掲示 ……… 028
- 健康・安全等の掲示物で子供たちに啓発を ……… 030
- 掲示物を通した心あたたまる交流 ……… 032
- 子供がつくる教室掲示 ……… 034
- 感謝の心が他学年にも広がる ……… 036

第2章

これで完璧！
6年生の学級づくりのコツ ……… 039
- 最高学年という思いを生かした学級づくり！ ……… 040
- クラスがまとまる学級目標 ……… 042

再確認！ 朝の会・帰りの会のもち方	044
あたたかい気持ちで班編成	046
責任感を育てる当番活動	048
学年だより作成のポイント	050
学級通信は、保護者と学級の架け橋	052
子供に「寄り添う」褒め方・叱り方	054
最高学年における係活動	056
代表委員会を盛り上げよう！	058
子供の話を聞く技術	060
子供に話す技術	062
荒れたクラスの立て直し方	064
子供の怪我の対応	066
不登校の子供の支援	068
信頼が生まれる授業参観	070
子供や保護者の願いを受け止める個人面談	072
人間関係形成と個の成長を目指した修学旅行	074
盛り上げよう！ 小学校生活最後の運動会	076
ありがとうの会を開こう！	078

第3章

子供たちの学習意欲を伸ばす！
６年生の授業のコツ …………………………… 081

[授業に入る前に　Check Point]

６年生だからこそ、学習ルールの再確認を！	082
主体的な学びを目指した「自主学習」	084
［国 語 科］「やまなし」の世界をより深く読み味わう	086
［算 数 科］既習を生かす！ ノートの活用	090
［社 会 科］知りたいという意欲を大切にした歴史学習	092
［社 会 科］模擬選挙はポテチ味	094

［理　　科］自由研究の基本ルール ……………………… 096
［音楽科］クラスがまとまる歌唱指導 ……………………… 098
［家庭科］しっかり準備でバッチリ調理実習 …………… 100
［体育科］ICT機器を活用した楽しいマット運動 ……… 102
［体育科］保健の指導　心と体は密接な関係 …………… 104
［外国語科］文字指導のアクティビティ …………………… 106
［道徳科］「本当の友情」とは何かを考える …………… 108
［総　　合］教科の力が探究学習を充実させる …………… 110
［特別活動］学級活動で信頼し合える豊かな学級づくりを … 112
［特別活動］学級会の事前の活動　計画委員会を開こう！ … 114
［特別活動］学級会で、折り合いを付けて合意形成！ …… 116
［特別活動］みんなで決めて、みんなで実践！　事後の活動 … 118
［特別活動］学級活動で、集団思考を生かした意思決定 …… 120

第4章

6年生で使える「学級遊び」……………… 123

人間知恵の輪 ……………………………………………………… 124
フープを回そう！ ………………………………………………… 126
共同絵画 …………………………………………………………… 128
Birthday line. ……………………………………………………… 130
What do you want to be? ………………………………………… 132

編著者・執筆者一覧 ……………………………………………… 134

プロローグ

学級経営を学ぼう

小学校の学級経営

学級経営の充実を図るために

文部科学省 初等中等教育局
教育課程課 教科調査官　**安部 恭子**

1 学級経営をどう考えるか

　今回の学習指導要領は、全ての教科等が資質・能力で目標や内容を整理しているのが大きな特徴となっています。特別活動の場合、これまでも大事にしてきた人間関係形成、社会参画、自己実現の三つの視点をもとに作成しています。小学校の総則と特別活動にはこれまでも学級経営の充実に関する表記がありましたが、今回、教科担任制である中学校の総則と特別活動にも学級経営の充実が示されました。

　学級経営が大事なのは分かっているけれど、どんなことをすればよいのか、どう充実させればよいのかということを先生方はお悩みになっているのではないでしょうか。子供たちの教育活動の成果が上がるように、学級を単位として諸条件を整備し、運営していくことが学級経営であるととらえると、子供たちの人間関係をよりよくつくることも、環境整備も、教材を工夫することも、日々の授業をつくっていくことも学級経営の重要な内容であり、多岐に渡ります。ここが問題かなと思います。

　今回の学習指導要領では、根本のねらいとして、子供たちが自らよりよい社会や幸福な人生を切り拓いていくことができるようにするため、必要な資質・能力を育むことがあげられています。ですから、**学校生活において、子供たちが自らよりよい生活や人間関係をつくっていく基盤となるのが学級経営の充実だと、私はとらえています。**大切なのは、どんな学級生活・学級集団を目指したいのかという教育目標を、先生がしっかりともつことだと思い

ます。自分の理想だけを考えていると現実と合わなくなってしまいますから、目の前の子供たちの実態を見据えながらどんな資質・能力を育みたいかを考え、学級の教育指導目標を立てていくことが大切です。

　年度当初の計画において重要なことは、学年としてどのように指導していくか、共有化していくことです。しかし、学校教育目標や学年目標を共有化して共通理解を図って指導しようとしても、学級によって子供たちの実態は異なります。1年生から2年生に上がるという点は同じでも、これまでの学級生活が異なることから、各学級ではどうしても違いがあります。

　そのような中で、今までみんなはこういう生活をしてきたけれども、「これからは2年〇組として一緒の仲間だよ」と子供たちに考えさせていくためには、子供の思いや保護者の願い、そして担任の指導目標を踏まえた学級の目標をしっかりとつくり、目指す学級生活をつくるために「みんなはどんなことを頑張っていくのか」ということを考えさせないといけません。「こういう学級生活をつくりたいな」「こういう〇年生になりたいな」という思いをきちんと年度当初にもたせないと、学級目標は単なる飾りになってしまいます。学級活動では、「〇年生になって」という題材で、自分が頑張りたいことを一人一人が決める活動がありますが、例えば2年生なら、単に「算数科を頑張る」「生活科を頑張る」ではなく、**一番身近な2年生の終わりの姿を子供たちに見通させ、その上で今の自分について考え、どう頑張っていくかを子供たち一人一人が具体的に考えるようにします**。このことがなりたい自分やよりよい自分に向けて頑張っていける力を付けていくことになり、自己の成長を自覚し、自己実現にもつながっていくのです。

2　人間関係形成と課題解決力育成のために学級経営が果たす役割とは

　平成28年12月の中央教育審議会の答申において、「**納得解**」を見付けるということが示されています。このことと特別活動・学級経営との関わりは大きいと思います。平成29年11月に公表されたOECDの学力調査でも、日本の子供たちの協同して問題解決する力は世界で2位でした。身近な生活を

見つめて、自分たちの学級生活や人間関係をよりよくするためには、どんなことが問題なのか、どうすればよいのかに気付き、考える子供を育てる必要があると思います。低学年では、まずは「みんなで話し合って、みんなで決めて、みんなでやったら楽しかった」という経験がとても大切です。そこから自発的・自治的な態度が育っていくのです。本音で話し合える学級をつくるためには、本音を言える土壌をつくっておかなくてはなりません。担任の先生が、一人一人が大事な存在なのだと示し、支持的風土や共感的土壌をつくっていくことが大切です。また、子供たち同士の関わりの中で、他者との違いやよさに気付き、我慢したり、譲ったり、譲られたり、といった集団活動の経験を積み重ねていくことが必要です。

　子供たちにとって、学級は一番身近な社会です。家庭から幼児教育の段階、小学校の段階とだんだん人間関係が広がっていき、子供たちは、自分とは異なる多様な他者がいるのだということや協働することの大切さを学んでいかなくてはなりません。そのために、新年度において担任と子供の出会い、子供同士の出会いをどのように工夫して演出し、どのように人間関係をつくっていくかということがとても大切になってきます。

　学級活動で言えば、例えば「どうぞよろしくの会」や「仲よくなろう会」など、お互いのことを知って人間関係をつくっていけるような活動を、子供たちの話合い活動を生かして意図的・計画的に組んでいくことが必要だと思います。また、教室に入ったときに「これからこの学級でやっていくのが楽しみだな」と思うような準備をするとよいでしょう。例えば、先生と子供、子供と子供で、お互いの名前が分かるような掲示を工夫するとよいと思います。**私は４月の最初の日だけではなく、毎日必ず黒板に子供へのメッセージを書いていました**。出張でどうしても帰ってこられない日は無理ですが、それ以外の日は、詩を書いたり、前日の活動やこれから行う活動のことについて、「こういうところを頑張ったね」「こういうことを頑張っていこうね」ということを書いたりしました。最初の出会いづくりを工夫し、子供たち自身が学級に居場所を感じて愛着をもてるようにすることを目指したのです。

　また、特別支援学級に在籍している子供でなくても、支援が必要な子供は学級の中にたくさんいるでしょう。例えば、問題行動を起こす子供がいた場

合、その子供自身が一番困っているので、そこをきちんと理解してあげることが大切です。また、その子供に合った合理的配慮をしたり、ユニバーサルデザインなどの視点で環境整備をすることも大事です。そして何よりも、集団生活においては、周りをどう育てるかがより大事なのです。もちろん個人情報に関わることは伝えてはいけませんが、この子供はこういうことは得意だけれどもこういうことは苦手なのだというような特性を、子供たちが分かって接するのと分からないで接するのとでは、全然違うと思います。

　また、日頃しゃべらない子が、ある2、3人の子供とは話すことがあります。そういうことを先生がきちんと見取って、グループ分けするときに配慮することも必要です。先生だけが知っているのではなく、子供たちがお互いのよさを分かり合えるような機会をつくってください。いつも仲よしだけで遊んでいるのではなく、**お互いを知り、よさに気付き合い、頑張り合ってクラスの仲が深まるような活動を、ぜひ学級活動でやっていただきたいと思います。**

　子供たち自身に「このクラスでよかったな」「自分はこの学級をつくっていくメンバーなんだ」という意識をもたせるためには、学級担任の先生が子供たちのことが好きで、学級や学校への愛着をもつことがまず必要ではないでしょうか。日本の先生方は、大変きめ細かく子供たちのことをよく考えて指導しています。朝は子供たちを迎え、連絡帳や学級通信、学年だよりなどを通して保護者との連携を図り、学年同士のつながりも考えて、先生方は子供たちのために一生懸命取り組んでいます。そういうところは、本当にすばらしいと思います。

　先生方には、本書や『初等教育資料』などを読んで勉強したり、地域の教育研究会やサークルなどを活用したりして、共に学んでいく中で自分の悩みなどを言い合えるような人間関係をつくっていくとよいと思います。

3　教科指導と学級経営の関係性

　学級経営は、「小学校学習指導要領解説　特別活動編」に示されているように、学級活動における子供の自発的・自治的な活動が基盤となりますが、特別活動だけで行うものではありません。**教科指導の中で学級経営を充実さ**

せていくことも大切なのです。結局、子供たちによい人間関係ができていなければ、いくら交流しても学び合いはできません。例えば発表しなさいと言っても、受け入れてくれる友達や学級の雰囲気がなければ発言しようという意識にはなりません。友達の意見をしっかりと受け入れて理解を深めたり、広げたり、考えや発想を豊かにしたりするためには、それができる学級集団をつくっていかなければなりません。低学年であれば、まず「隣の人とペアで話し合ってみようね」「グループで一緒に意見を言ってみようね」などといった段階を経験させておくことも大切です。

　教科指導の中で大事なものに、**学習規律**があります。例えば、自分の行動が人に迷惑をかけてしまう、また、この授業は自分だけのものではなく、みんな学ぶ権利があって、しっかりやらなければいけない義務があるというようなことを、子供自身が自覚し、自ら学習に取り組むことができるようにしていかなければなりません。

　そして、友達が発言しているときは途中で勝手に割り込まない、相手を見て最後までしっかり聞く、という基本的なことは学習における最低限の約束なので、学校として共通理解を図り、共通指導を行っていくことが望ましいでしょう。これは生徒指導とも大きな関わりがあります。

4　特別活動における基盤となる学級活動

　学習指導要領では、特別活動の内容として〔**学級活動**〕〔**児童会活動**〕〔**クラブ活動**〕〔**学校行事**〕の四つが示されています。前述のとおり、特別活動は各教科の学びの基盤となるものであり、よりよい人間関係や子供たちが主体的に学ぼうとする力になると同時に、各教科の力を総合的・実践的に活用する場でもあります。そういう点で各教科等と特別活動は、往還関係にあると言えます。特別活動の四つの内容も、各教科等と特別活動の関係と同じように、学級活動での経験や身に付けた資質・能力がクラブ活動に生きたり、クラブ活動での経験が児童会活動に生きたりといった往還関係にあります。その中で基盤となるのが、学級活動です。

　学級活動については、学級活動（1）は子供の自発的・自治的活動、つま

り学級の生活や人間関係の課題を解決していくために話し合い、集団として合意形成を図り、協働して実践すること、学級活動（2）は自己指導能力、今の生活をどう改善してよりよい自分になっていくか、学級活動（3）は現在だけではなく将来を見通しながら今の自分をよりよく変えて、なりたい自分になるため、自分らしく生きていくために頑張ることを決めて取り組んでいけるようにします。**学級活動は、このように（1）と（2）（3）では特質が異なるため、特質を生かしてしっかりと指導していくことが必要です。**

　学級は子供にとって毎日の生活を積み上げ、人間関係をつくり、学習や生活の基盤となる場であり、そこから学校を豊かにしなければいけません。学級生活を豊かにするためには、目の前の子供たちを見つめ、どういう実態にあるのかをしっかりと把握し、どんな資質・能力を育んでいくのかを先生がきちんと考えることが必要です。

　今回の学習指導要領では、活動の内容として、（3）が新たに設定されました。いろいろな集団活動を通して、これらを計画的・意図的に行っていくことが必要になります。

　学級活動（1）で、議題箱に議題が入らないと悩んでいる先生が多くいらっしゃいます。これは、子供自身に経験がないため、どんな議題で話し合ったらよいか、その発想を広げることが難しいのです。学級会の議題を出させるためには、例えば、「上学年のお兄さん、お姉さんに聞いておいで」と指示したり、「先生は前のクラスでこんなことをやったよ」ということを話してあげたり、教室環境を整備したりといった取組が考えられます。各地の実践を紹介すると、「学級会でこんなことをやったよ」と、全学年、全学級の学級会で話し合った議題を提示している学校があります。また、ある学校では、教室に入ってすぐある掲示スペースに、次の学級会ではこんなことを話し合いますという学級活動のコーナーをつくり、子供たちがすぐに見て情報共有できるような工夫をしています。このような創意工夫が、子供たちが生活上の問題に気付く目を育てるのです。

　また、**学級活動における板書の役割はとても大きいのです。**よく、「思考の可視化・操作化・構造化」と言いますが、構造化とはパッと見て分かるようにすることですから、意見を短冊に書いて、操作しながら分類・整理して

比べやすくしたり、話合いの状況や過程が分かるようにしましょう。こうした力は学級活動だけではなく、教科の学習でも生きてきます。
　学級活動の（2）（3）においても、「今日は1時間、こういう学習を経て、こういうことを学んだ」ということが板書で明確になっていないと、子供たちの学びは高まりません。ある地域では、「**つかむ→さぐる→見付ける→決める**」という四つの段階を経ることを基本事例として黒板に明確に示し、これを教科でも使用しています。最初に課題をつかみ、どうすればよいのかを話し合い、みんなで見付けた解決方法を発表し合い、自分の力で次の例題を解いていくのです。1回の話合いや集会などの実践だけが大事なのではなく、実践をもっと大きくとらえ、事前から事後までのプロセスを意識する必要があるのです。また、実践して終わりではなく、成果や課題について振り返り、次の課題解決につなげることも大切です。
　学級会における板書等の経験が、児童会活動の代表委員会で活用されるなど、汎用的な力となるようにします。また、特別活動で育成した話合いの力は、国語科や社会科のグループ活動などにも生きていきます。活動を通して子供たちにどんな力を付けさせたいのか、何のための実践なのかをきちんと意識して話し合い、次に課題があったらつなげていく。前の集会のときにこうだったから今度はこうしよう、というように経験を生かせるようにします。
　振り返りのときに、よく、「お友達のよかったことや頑張ったことを見付けましょう」と言いますが、よさを見付けるためには先生が『よさの視点』をしっかりもって子供に指導することが大切です。「どんなところがよかったのか」「課題は何か」などを具体的に示すことで、子供たちの学びが深まります。年間指導計画も例年同じ議題を例示するのではなく、今年はこういう議題で話し合って実践したということを特活部会等で話し合い、組織を生かしてよりよく改善していく、そういう姿勢も学級経営の充実につながるのではないでしょうか。

5　学校行事と学級経営の関係

　今回の学習指導要領の特別活動の目標では、「知識及び技能」で、「集団活

動の意義の理解」を示しています。このことは、行事も単に参加するのではなく、何のために参加するのかという意義を子供にきちんと理解させた上で、自分はどんなことを頑張るかという目標を立てさせて取り組ませ、実践して振り返ることが必要になってくるからです。

　学校行事の大きな特質は、学年や全校といった大きな集団で活動するという点です。学級でいるときよりも大きい集団の中での自分の立ち位置や、みんなで一緒に行動をするためには他者を考えなければいけないという点で、学校行事と学級経営は大きく関わってきます。

　日頃の学級経営を充実させ、学級としての集団の中で自分はこういうことに気を付けていこう、よりよくするためにみんなで決めたことを協力し合って頑張っていこうという意欲を高め、一人一人の子供がよさや可能性を発揮して活動することができるようにします。そこでの基盤はやはり、学級活動になります。

　特に学校行事の場合、高学年は係等でいろいろな役割を果たします。学級集団の中で役割を担い、責任をしっかり果たすという経験は、学校行事の中でも生きてきます。学級の中ではなかなか活躍できない子供も、異年齢の集団活動である学校行事やクラブ活動、児童会活動の中で活躍することによって、リーダーシップを発揮したり、メンバーシップの大切さを学んだりします。そして、自分もやればできるという自己効力感を感じたり、自分もこういうことで役に立てたという自己有用感を感じたりすることができるのです。例えば、集会活動には司会役やはじめの言葉など、いろいろな係分担がありますが、やりたい人だけがやるのではなく、学級のみんなが役割を担って集会を盛り上げ、責任を果たすことが大事です。

　話合いや実践後には、先生が子供たちのよさや頑張りを具体的に褒めてあげることも大切です。そして、内省し、友達に対して自分はどうだったかを考えることができる子供を育てるためには、振り返りを大事にします。
　「こんなことを頑張った」というプラス面を見ていきながら、「次はこういうことをもっと頑張ろう」と次に向かう力につなげ、前向きに頑張れる子供を育ててほしいと思います。

6年生の学級経営

中学校生活に向けての意識づくりを

学校全体で育てる

　6年生は最上級生としてリーダーシップを発揮する機会が多くあります。子供たち自身も「最上級生だ。学校のリーダーだ」という自覚をもっていますが、5年生が急に6年生になるわけではありません。学校全体で育て、**リーダとして活躍できる「6年生」**にしてあげるのです。委員会活動や異年齢交流活動でも、6年生としてリーダーシップを発揮するためには、子供の経験や学級の差に応じてフォローする必要があります。子供たちのリーダーとしての意識をつぶさないようにします。失敗から学ぶことは確かにありますが、最初から何の手立ても講じないのは見守りではなく放任です。

　ある学校で6年生になっても、ふらふらと教室から出ていってしまったり、授業中ずっと手遊びをしていたりする子供がいて、「あの子は注意しても聞かないから」と黙認しがちになってしまったことで、周りの子供もそのような目で見るようになり、6年生でもなかなか改善されなかったようです。6年生になってから急に直そうとしても難しく、低学年からの規律の指導や人間関係づくりが大切なのです。ところが、異年齢交流活動では下学年に優しく声をかけるなど、上級生として頑張ろうとする姿が見られたのです。そうしたその子供のよさや頑張りを他の先生が見取って担任に伝えたり、その子供を褒めたりして、「自分も頑張ればできるのだ」という思いをもたせます。子供の経験による差は、高学年になればなるほど大きくなります。異年齢交流や地域の方との交流などの活動の機会を生かして、自分もやればできるという思いをもたせ、前向きに努力できるようにすることが大切です。

　小学校生活でこんなことを頑張ったな、楽しかったなという思いをもって卒業してほしいですから、**学級活動の時間を使って、中学校生活を前に6年**

生としてどんなことを頑張るのか、一人一人に合った具体的な目標が立てられるようにします。

円滑な小中接続のために

　小中接続において、学級活動の授業をしっかり行うことも大切です。中学校生活に向けて楽しみなことや不安なことについて事前にアンケート調査をし、「不安な気持ちをもっているのは自分だけではないのだ」という思いを共有できるようにします。その不安を解決するためには、子供たちが自分で調べたり、中学生に小学校に来てもらって話を聞かせてもらったり、中学生にインタビューをしたりするという方法があります。その上で、学級活動の話合いを生かして、「中学校ではこんな学級生活を送りたい」「こんなことを頑張っていきたい」というように、子供自身が希望や目標をもち、今の生活を頑張れるようにすることが、小中の円滑な接続のために重要です。

　中学校の先生方にも、小学校のことをよく知ってほしいと思います。情報交換をするだけではなく日頃から子供たちの姿を見てもらい、「この子にはこういう配慮が必要だね」などの理解の上で迎え入れると全然違ってきます。中学校こそ、学級経営が重要です。例えば、先生が自分の好きな言葉や四字熟語を学級目標に使っている学級をよく見ますが、先生が決めてしまうのではなく、子供たち自身がこういう学級生活をつくろうという思いをもって生活できるようにする必要があります。**キーワードは「自ら」です**。自らつくる、自らよりよくするという意識をもてるようにすることが大切です。

　今回、特別活動に「いじめの未然防止等に役立つ」が示されました。あくまでも「未然防止」であり、何か問題が起こってから話し合うのでは、深刻化してしまいます。日頃から、子供たち同士が互いを尊重し合う関係をつくることが大切です。学級活動（1）を中心として、子供たちが、この学級を自分たちでつくっていくのだという思いをもてるような活動を計画し、互いのよさを知り、一人一人がよさや可能性を発揮できるようにします。先生の子供たちへの対応や言葉かけはとても重いと思います。人によって態度を変えず、「いじめはどんな理由があってもいけない」という強い姿勢と、どの子供も大切な存在なのだという姿勢を示していくことが重要です。

第1章

ちょっとひと工夫！
6年生の教室環境づくり

6年生　教室環境の基本スタイル

子供たちの思いのあふれる教室に

ねらい

子供たちの思いがあふれるあたたかい教室環境を整えることで、自分たちの学級を自分たちでつくっていく意識が芽生えます。

あたたかみのある教室環境づくりのポイント

　高学年になるとこれまでの経験を生かし、教室内の掲示物を自分たちで作製するようになるでしょう。教師は、係活動等でつくった新聞やポスターなどの掲示場所を確保したり、作製に必要な材料を十分に準備したりすることで子供たちの意欲をさらに高めるようにします。

学級のあゆみ

　学校行事やクラスで行った集会活動での写真などを印刷し、学級のあゆみとして掲示していくことで1年間の思い出を振り返ることができます。また、その製作を子供たちに任せ、吹き出しなどを生かして、子供自身の言葉が入ることであたたかみのある掲示物に仕上がります。

材料の準備

　子供たちの思いをむだにしないためにも、教師は画用紙等の掲示物づくりのための材料を十分に準備できるとよいでしょう。いつでも作製できる環境を整えることで、子供たちの意欲も高まります。ただし、材料の使用等については子供たちとの間でルールについてしっかりと決め、むだに使うことのないようにしましょう。

第1章　ちょっとひと工夫！　6年生の教室環境づくり

▼教室スタイルの例（背面）

学級のあゆみ
これまでの行事や集会、学習の様子を写真とコメントを入れて掲示します。

係活動コーナー
係ポスターの掲示と各係からのお知らせを掲示します。

学習コーナー
授業で使った資料や子供のノート、自主学習を頑張っている子供のノートをコピーして掲示します。

学級会コーナー
次回の学級会の議題等を書きます。議題ポストも設置します。

▼教室スタイルの例（前面）

記念日コーナー
「卒業までの1日1日を自分たちだけの記念日にしていきたい」という思いから、短冊にその日の出来事を書き、掲示しました。

▼教室スタイルの例（側面）

学習の軌跡を掲示し、子供たちがいつも学習を振り返ることができるようにします。

― 教室環境づくりのポイント ―

　小学校生活最後の1年間を過ごす教室は、子供たちの思いのあふれる教室にしましょう。

学級の合言葉に向かって「みんなで歩む」

学級の合言葉のつくり方と、達成に向かうための活動

――― ねらい ―――

学級としての願いや自分たちがなりたい姿を考え、「学級の合言葉」をつくります。また、友達と関わり合い、信頼し合う中で目標を達成していこうとする態度を育てます。

「学級の合言葉」で大好きな自分たちの学級をつくる！

4月初め、子供たちは「どんなクラスかな」「いいクラスにしていきたいな」と希望をもって進級してきます。そんな期待あふれる前向きな気持ちをもつ最初の時期に、学級みんなで目指していきたい姿や目標を話し合い、学級の合言葉を自分たちで決める活動は大変意義があります。

みんなで決める「学級の合言葉」には、学校教育目標や地域の願い、保護者の願いも込められるべきものです。そして何よりも、子供たち自身の思いや願いが強く込められるべきでしょう。**学級の合言葉とは、与えられるものではなく、自らが、この仲間たちとどのような1年間にしていきたいのかを決める自分たちの問題なのです。**決めていくとき、まず、一人一人の思いを明確にします。「自分はこういう学級生活をつくりたい」「自分はこんな6年生になりたい」という願いや思いが、話合いの土台となるからです。そうして集めた意見をもとに、「**自分たち**はこうしたい」「**みんなと**こうなっていきたい」という視点で、学級の合言葉を決めていきます。この目標は、個の努力だけでは達成できません。集団活動を通して初めて達成できるものです。みんなで決めた目標に向かって努力していけるように、年間を通して意識し、今の自分たちを振り返る中で、達成を目指していくことが大切です。

第1章 ちょっとひと工夫！ 6年生の教室環境づくり

みんなでつくった学級の合言葉

学級の合言葉の掲示の形は、様々なものが考えられます。上の写真は、1文字ずつや、1画ずつを全員で担当し、みんなでつくりました。最後までみんなで活動することを大切にします。

今の学級の課題（小さな目標）

「合言葉」を常に意識し、よりよい学級生活つくるための活動

学級の合言葉のような学級生活をつくるために、今の段階で何が自分たちの課題かを子供たち自身がしっかり考え、小さな目標を立てます。右上の写真は、それを達成したときにカードに書き、貼り付け、可視化したものです。その積み重ねが頂上までいったときに目標も達成されるという意識となりました。

小さな目標を達成したら貼り付けます。乗り越えていくことで合言葉に近付いていると実感できます。

021

座席配置の基本

 学習のねらいに合った座席配置

ねらい

学習のねらいに合った座席配置をすることで、学習効率の向上やよりよい人間関係を育みます。

取り組む活動に合わせた座席配置

座席配置は、学習内容の定着や人間関係を形成していく上でとても重要なものです。誰がどこに座るかを決める前に座席をどのように配置するのかを考えましょう。各教科等やその時間の活動の目的をよく考えて配置するようにしましょう。

座席配置のポイント
①活動の目的に合った配置
　学習のねらいに合った座席を考えることが大切です。グループでの協同作業、クラス全体での話合いなど、目的を子供たちに伝えてから活動に入ることも大切です。
②子供たちの実態に合った配置
　クラスの人数や男女比などを考慮した配置になっているか考えましょう。
③安全面等が考慮された配置
　通路等が確保されているか、子供たち同士の距離が近すぎないかなども考慮するようにしましょう。

第1章　ちょっとひと工夫！　6年生の教室環境づくり

▼教室の座席配置例

「講義型」
全員が前を向いている配置です。教師による全体指導、一斉指導の際など集中して話を聞かせたいときに効果的な配置です。個人での配置やペアで配置する方法があります。

「グループ型」（3人〜5人）
小グループでの話合いや協同制作に向いている配置です。飛行機の形のように机の向きを変えるだけで子供同士の距離が近くなり、話しやすくなります。

「意見交流型」
全体で一つの物事について話し合う際に効果的な形態です。子供同士が互いの表情を見やすく、話している人の方向に体を向けやすい配置です。

係活動の掲示①

所属感と創意工夫を大切にする「係ポスター」

ねらい

友達と協力して創意工夫することで、自分たちらしい係のポスターをつくります。また、進んでポスターづくりに取り組むことで係や学級に愛着をもてるようにします。

「係ポスター」をつくろう！

　子供たちが自主的に創意工夫をもって活動することが、係活動の特質の一つです。自分の好きなことや得意なことを生かせる係活動には、意欲をもって取り組めます。**学級や学校生活がよりよいものになり、友達が笑顔になれるかといった視点で活動することが大切です。**

　自分の係が決まると子供たちは何をしていこうかと、わくわくします。そこで「オリジナルの係ポスターをつくろう」と投げかけます。ポスターに載せる内容は「メンバー」「めあて」といったものが考えられます。後は、色画用紙を使って自由につくれるようにします。本の係であれば、「本の形にしよう」「キャラクターをつくってみよう」など、自由な発想で取り組んでいけます。

　ここで大切なのは、係ポスターをつくることだけが目標ではないということです。創意工夫し、協力し合って係活動に取り組み、子供たち自身が学級生活を豊かにすることができるようにします。係ポスターをつくって終わりではなく、学級のみんなへのお知らせや、活動したことを加えていくなど、子供たちの手で更新されていくことが大切です。

第1章　ちょっとひと工夫！　6年生の教室環境づくり

▼係ポスターで教室を明るく！　楽しく！

こんなところにも工夫が生まれます！

ポスターづくりのポイント

〇自分たちの係らしい形を考える

〇色画用紙を重ねる・文字もつくる

〇工夫を楽しむ

※係名を見ただけでは、「何の係で、どんな活動をしているのか」が分からない場合もあります。そのため、係名は何の係なのか分かるようにしましょう。

ネームマグネットもオリジナル！

賞状も自分たちらしく飾ろう！

025

係活動の掲示②

創意工夫の係コーナーと計画的な活動

ねらい

計画を立てることで、子供が見通しをもって係活動に取り組めるようにします。また、活動時間や場を保障して、進んで創意ある活動に取り組めるようにします。

「係コーナー」を充実させよう！「カレンダー」を利用して計画的に活動しよう！

係活動の指導において大切なことは、子供たちが創造的な活動に取り組めるように、**場や時間を保障すること**です。教室に係のコーナーをつくることで、子供たちは進んで係活動に取り組めるようになります。

各係に1枚の**コルクボード**（ホワイトボードでも可）を用意します。子供たちは自由な発想でボードに係の名前を飾ったり、お知らせを書いたり、アンケート回収箱を設置したりします。このような活動が、子供たちの意欲を高め、係活動の活性化につながります。また、友達がどんな活動をしているのかも見えるため、友達の活動についても関心をもつでしょう。互いの活動を認め合い、よりよい学級づくりにもつなげていきます。

また、子供たちが計画的に係活動に取り組めるようにすることも大切です。例えば、企画した集会に向けて、計画的に準備を進めていくことは実践力につながります。手立ての一つとして**カレンダーの活用**が考えられます。右の写真は、お薬カレンダーを利用し、ポケットにその日に集会などをする係の予定を入れます。子供たちはそれを意識して、月初めから計画や準備を進めていくことができます。そして、これによりどの係も自ら活動することへの意識をもち、自主的に取り組む姿がより多く見られるようになります。

第1章 ちょっとひと工夫！ 6年生の教室環境づくり

▼コルクボードを使った係コーナー

背面黒板を使った係コーナー

お菓子の空き箱を使ってポストがつくれる！

カレンダーの利用

月の予定を立てて計画的に！

掲示物は分かりやすく①　通年掲示

学級のあゆみを大切にした掲示

ねらい

日々の出来事や、感じたことをカレンダーに残していくことで、自分たちの思い出を一つずつ積み重ねていきます。学級への所属感や、共に成長していくことへの意識を高めていきます。

学級のオリジナル「カレンダー」をつくろう！

４月に子供たちは、新しい学級に対しての願いや希望をもって進級してきます。そこで、毎日の積み重ねが、最後には自分たちの大きな成長につながっていくことに気付かせていきます。「カレンダー」づくりは、日々の生活の中での出来事や感じたこと、また学んだことを毎日記録していく活動です。

全員でつくりあげたものにするために、日直の子供が書くようにすることが考えられます。「みんなでつくったみんなの思い出カレンダー」を意識して取り組めるとすてきなカレンダーができあがります。

助言のポイントとしては、**「自分たちの学級ならでは」**という視点をもたせてあげることです。その日の出来事をただ書くのではなく、**そこから感じたことや、学級の友達に目を向けた内容が書かれていくと自分たちの学級ならではのカレンダーになっていきます**。また、その日に見付けた自分たちのよさや、課題も記録していくことで、友達同士がつながったり、主体的な学級づくりの意識も高まったりします。振り返りの活動でも、過去にさかのぼり、次に生かしていくこともできます。６年生では卒業前に、自分たちの１年間のあゆみや成長を共有する手段としても活用できます。

第1章　ちょっとひと工夫！　6年生の教室環境づくり

▼模造紙でつくるオリジナルカレンダー

マス目入りのカラー模造紙がつくりやすく、教室も明るくなります。好きな絵を描くのもよいでしょう。

その月ごとに教師からメッセージを贈ります。

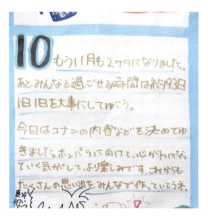

掲示物は分かりやすく②　健康・安全等の掲示物

健康・安全等の掲示物で子供たちに啓発を

ねらい

健康・安全等に関わる様々な掲示物を効果的に活用することで、子供たちへ啓発を促すとともに、日常的な健康教育や安全指導等を行えるようにします。

学級活動（2）の指導の様子を掲示物に！

　健康教育・防災教育・安全指導・食育など、健康・安全等に関わる掲示物は、多岐にわたります。給食の献立表もその一つです。学校として、必ず通年で表示しておくべき避難経路図などもあるでしょう。「給食だより」や「保健だより」なども教室に掲示しておきたいものです。

　しかし、単に掲示していればよいというものではありません。その掲示物が貼られていることで、**健康教育や防災教育、安全指導や食育などの観点から、子供たちの成長や安全・安心などにつなげていくことが大切です。**

　ここでは、学級活動（2）の「ウ　心身ともに健康で安全な生活態度の形成」の授業の様子についてまとめた掲示物を紹介します。授業の様子をまとめたり、その授業で使った資料等を掲示することで、子供たちは授業で学んだことについて想起することができ、自分が立てためあてを再確認することもできます。折に触れて実践を振り返り、行動改善につなげるようにします。同様に学級活動（2）の「エ　食育の観点を踏まえた学校給食と望ましい食習慣の形成」における指導についても掲示すると効果的です。書いためあても掲示することで、めあてに向かって努力する励みになります。

第1章　ちょっとひと工夫！　6年生の教室環境づくり

避難経路図は常に掲示しておくものです。子供たちが常に意識できるような工夫が大切です。状況によって避難経路が変わる場合は、色分けなどして分かりやすくすると効果的です。

給食時間の目安である「給食時計」を掲示することも効果的です。日々の給食の中で、子供たちが時間意識をもちながら、配膳を行い、楽しい会食となるようにします。

避難経路図の掲示

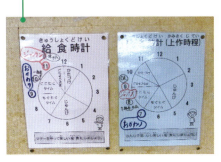

給食時計の掲示

掲示物は分かりやすく③　子供たちの作品

掲示物を通した心あたたまる交流

ねらい

子どもたちのめあてを掲示して見合ったり、お手紙交流を行ったりすることが次への制作意欲や人間関係を育みます。

感想を伝え合おう

　学級活動（2）と（3）では、学級での話合い（集団思考）を生かして意思決定しためあてを立てます（P120、121参照）。右の写真のように、めあてを教室内に掲示することで「めあてに向かって頑張っているな」など、友達の頑張りを感じ、「私も同じように頑張ろう」と共に活動していけるようにしたいものです。**めあてを掲示することで、活動が広がったり学級内の人間関係が深まったりします。**

　この他にも、学校には図画工作やクラブ活動でつくった作品や、子供たちが学習内容をまとめたものなど様々な掲示物があります。子供たちが意欲的につくった作品などは、一人一人のよさを感じることができる素晴らしいものばかりです。感じたよさは、手紙交流などを行って相手に伝えます。例えば、高学年の図画工作の作品を見た下学年からの「○○が上手だね」「絵の具の使い方がとても上手だと思いました」「めあてに向かって一生懸命に頑張っているね」などの言葉が、「またやってみたいな」「もっと○○してみようかな」と、次への意欲につながっていきます。手紙をもらったら、返事の手紙を書くようにすると、異学年との交流が自然と行えるようにもなります。

第1章　ちょっとひと工夫！　6年生の教室環境づくり

9月

12月

学級活動（2）の学習で立てた自分のめあてを掲示しました。互いのめあてを見合ったり、認め合う言葉を伝え合ったりすることを通して、学級内の人間関係が育まれていきます。食育を意識して、学習カードは「ご飯」をイメージした形にしました。

下学年や友達から作品の感想のお手紙をもらうと、うれしくなります。お礼の手紙を返すことでお手紙交流が生まれ、異学年交流の活性化や上学年としての意識の向上、下学年から上学年への憧れの気持ちを育てることができます。

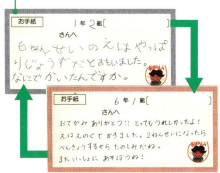

オリジナル掲示をつくろう！

子供がつくる教室掲示

ねらい

子供たちが自分たちの教室掲示を主体的につくっていくことで、自分たちで自分たちの学級をよりよくしていく態度を養います。

学級生活を豊かにする掲示物

　6年生にもなると、自分たちの教室の環境を自分たちでつくっていくことができるようになります。そこに自分たちの学級への愛着が生まれ、学級への所属感も高まっていくものです。ここでは、自分たちの学級を豊かにするためにつくった、三つの掲示物について紹介します。

「学級のあしあと」の掲示

　子供たちは学級集会や学校行事など、年間を通して様々な取組を行っていきます。その様子の写真を画用紙に貼り、様々な書き込みをし、それを順次、掲示していきます。学級での出来事を想起するとともに、自分たちの成長を感じることもでき、それが学級の文化となっていきます。

「係活動」の掲示

　係活動ポスターをつくり、掲示します。与えられた枠に記入するのではなく、自分たちでつくることに意義があります。また、「係からのお知らせ」や「ありがとうカード」など、互いに交流できるようにする工夫も必要です。

「5年生へのメッセージ」の掲示

　教室掲示ではありませんが、他学年へのメッセージの掲示物をつくって、届けるといった活動も効果的です。例えば、行事への応援やねぎらいの掲示物を通して5年生と交流を図ることが考えられます。

第1章　ちょっとひと工夫！　6年生の教室環境づくり

▼「学級のあしあと」掲示

上の掲示物は、係活動を通して、子供たちが自主的につくったものです。担任がつくらせるのではなく、あくまでも自分たちでつくって学級をよりよくしようという思いが大切です。

6年生にもなると、ちょっと呼びかけるだけで、自分たちで進んでつくるようになります。休み時間などを利用して進んでつくる子供たちを育てていきたいものです。

「係ポスター」掲示

「5年生へメッセージ」掲示

仲間への感謝コーナー

感謝の心が
他学年にも広がる

ねらい

卒業を前に、これまでの楽しかった思い出を振り返り、中学校でも同じように友達と楽しい思い出をつくっていこうとする態度を養います。

 ## 心の植樹祭

　卒業が近くなると、子供たちは学校生活の思い出を形にして残したいと考えるようになります。そして、タイムカプセルをつくりたいということが話題になりますが、校庭に埋めることはできないので、特別な場合を除き、なかなか実現できないのが現状です。タイムカプセルも魅力ですが、卒業までにこれまでの自分たちの思い出を伝え合うのはどうでしょうか。**「卒業前の心の植樹祭」という集会を企画し、これまでの思い出を書き出して、大きな木に貼って互いに読み合います。**「ああ、そんなこともあったな」「大変だったけど、頑張ってよかったよね」などの楽しい思い出が次から次へと出てくることでしょう。一人では思い出せないことも、一緒に学校に通った友達となら、たくさんのことを思い出すことができます。この活動は他学年の子供たちも参加しやすく、いつの間にか「委員会でたくさんのことを教えてもらいました」「〇〇クラブで、一緒にバスケットボールをして楽しめました。ありがとう」などのメッセージが寄せられます。

　このような互いを認め合う活動に対して、1年生から5年生は憧れを抱き、自分たちの心への植樹が、次のリーダーとなる後輩たちへの心の植樹へと広がっていきます。

第1章　ちょっとひと工夫！　6年生の教室環境づくり

木の実をイメージしたメッセージカードを用意し、自由にコメントを書けるようにしておきます。友達への感謝や6年間の思い出など自由に書き込みます。活動を見ていた他学年からのカードが届き、活動が学校全体に広がることもあります。

下の写真は、メッセージカードを入れる箱です。カードは、実行委員が中心となって木に貼っていきます。また、いろいろな人が自由に読むことができるので、書かれた内容や誤字脱字等にも注意が必要です。最後の確認は、教師が必ず行います。

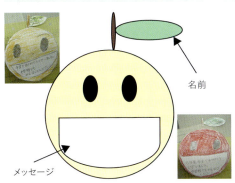

第2章

これで完璧！
6年生の
学級づくりのコツ

6年生の学級開き

最高学年という思いを生かした学級づくり！

---- ねらい ----

小学校生活最後の1年となる6年生の学級開きにおいて、新しい学級をつくっていくために、みんなの思いや願いを語り合い、その後の学級生活づくりに生かします。

 語り合おう！　自分の願いや思い

　新学期、子供たちは大きな期待と少しの不安を抱えながら、始業式の日を迎えます。5年生の後半くらいから、「来年度は6年生になるんだ」ということを折に触れて意識してきているものの、いざ当日となると、クラス発表、担任発表があり、一喜一憂しながらもわくわく、どきどきしていることでしょう。学校によっては、始業式と入学式が同日に行われ、始業式終了後にすぐに入学式を行う地域もあります。6年生として、1年生のお世話をしながら、あらためて6年生になったことを実感する子供も少なくありません。

　そうした中で、始業式後1週間の生活では、学級のルールづくりや雰囲気づくりが大切になります。そのためにまず大切にしたいことは、**「自分の願いや思いを聞いてもらえる学級」**という印象を子供たち一人一人がもつことです。そのためにも、担任として、「まずは6年生としてどのような学級・学校生活を送っていきたいと考えているか」という子供たちの思いをしっかり聞くことが大切です。また、友達同士でも、互いの思いや考えを聞き合い、尊重し合って、みんなの願いを叶えていける学級をつくっていこうという思いをもてるようにしたいものです。そして、語り合ったことをもとに、個人目標づくりや学級目標の設定、係活動の決定へとつなげていきます。

①アンケートの実施

6年生になって「がんばりたいこと」や「こんなクラスをつくっていきたい」という思いについてアンケートを実施します。

最高学年になったので、学校のリーダーとして、下級生に憧れられる存在になりたいです。そのために…。

②語り合う場の設定

アンケートをもとにどんな6年生になりたいか、どんなクラスをみんなでつくっていきたいかを語り合います。

―― 学級開きのポイント ――

小学校生活も残りわずかであることを意識し、卒業へ向けて、どのように成長したいかを語り合います。その際、写真を撮影しておくことで、自分たちがどんな思いでスタートしたのかを振り返ることができます。

学級目標をつくる「みんなで最高のクラスをつくっていこう」

クラスがまとまる学級目標

> **ねらい**
>
> 学校教育目標・教師の願い・保護者の願い・子供たちの思いなどにもとづいて、1年間の学級生活の指針となる「学級目標」をつくり、生活の向上を目指します。

学級目標を目指して、最後の1年間、みんなで高め合おう！

　小学校生活最後の1年を過ごす学級が、一つにまとまり、楽しく豊かな日々を送ることは、子供たちはもちろん、保護者の願いでもあります。また、教師としても、すてきな学級づくりを目指したいと誰もが思っているはずです。そのような、子供、保護者、教師の願いを受けて、学級目標を設定します。もちろん、学校教育目標のもとに学級目標があるということも忘れてはいけません。

　子供たちにとっては、「自分たちみんなで考えた」という思いをもてるように配慮する必要があります。また、**集団の目標に個人が埋没してしまったり、同調圧力がかかったりしないように留意する必要があります。**「こんな6年生になりたい」「こんな学級生活をつくりたい」という、一人一人の目標を尊重しましょう。

　日々の生活の中で、学級目標で示した学級生活を目指して学級活動はもちろん、様々な活動をしていきます。子供たちと学級目標の掲示物をつくって掲示することで、常に目標を意識できるようにします。理想の学級生活に近付いているかを折に触れて振り返り、自分たちで豊かな学級生活をつくっていくことができるようにします。

①教師の願い、保護者の願いを知る

教師の願いや保護者の願いを聞くとともに、「こんな6年生になりたい」「こんなクラスにしたい」という思いをもちます。

②思いを学級で伝え合う

一人一人が考える、「こんな6年生になりたい」「こんな学級生活をつくっていきたい」という思いを学級全体で伝え合います。

③学級目標を設定する

子供たちが、自分たちで決めた学級目標であると思えるように、教師が言葉をまとめ設定します。

④個人目標を自己決定する

学級活動（3）アの題材「6年生になって」の授業を行い、学級目標の実現に向けた個人目標を意思決定します。

人にやさしくできる子になってほしい。

進んで学ぶ子供に育てていきたい。

（教師）

家族や先生からも、期待されているんだ。頑張って成長していきたいな。

（子供）

学級目標の掲示物作製に当たっては、全員が1文字ずつ担当するなどして、みんなでつくることで、自分たちの学級目標という意識をもてるようにします。語呂合わせで覚えやすくすることも工夫の一つです。

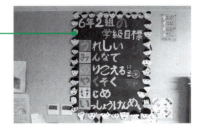

―――― 学級目標掲示のポイント ――――

全員が掲示物の作製に参加し、掲示します。その周りには個人目標を書いて掲示することで、一人一人の思いも尊重された目標掲示になるように配慮します。単なる飾りにならないよう、意識して生活できるようにします。

朝の会・帰りの会の基本

再確認！ 朝の会・帰りの会のもち方

ねらい

内容を精選することで効率的で充実した朝の会・帰りの会を行い、会を円滑に進められるようにします。

 ## 効率的かつ内容のある「朝の会・帰りの会」に

　朝の会は、子供たちと教師がその日初めて全員で顔を合わせる時間となります。1日のスタートを明るく、気持ちよく迎えられるような会にしていくことが大切です。

　帰りの会は、1日を振り返り、お互いに頑張ったことを確認するとともに、明日の活動に期待がもてるようなあたたかい会にしていくことが大切です。

　高学年では、会の進行を日直などが輪番制で担当し、全員が経験できるようにしていきます。子供たちだけで会を進められるよう、教師はなるべく会の進行を見守るようにしましょう。しかし、1時間目の授業時刻を大幅に過ぎて朝の会を続けたり、最終下校時刻を過ぎても帰りの会を行っていたりすることのないようにしなければなりません。**時間も意識した進行ができるように支援していくことが大切です。**

　各会の内容については、年度初めに学年などで相談して決めることもありますが、教師の思いや子供たちの考えなども取り入れながら、学級ごとに決めていくことが一般的です。それぞれ朝と帰りの10分程度の短時間で行わなければならないため、内容を精選しつつ充実した会にすることが大切です。

第2章 これで完璧！ 6年生の学級づくりのコツ

朝の会（例）

- ○朝のあいさつ
- ○出席確認・健康観察
- ○今月の歌
- ○スピーチ
- ○係や委員会などから
  のお知らせ
- ○先生の話

必ず教師が実施し、子供と目を合わせるなどして、普段と変化がないかを観察します。自身の体調などを答えるようにすると友達の状態を知り、お互いを思いやる関係づくりにつながります。

スピーチは、日直または輪番制にして行います。事前にテーマを知らせるなど、原稿を書いて準備できるようにしておくとより効果的です。

前日に知らせた連絡事項からの変更点、教室移動や行事についてなどの連絡をします。時間があれば手紙等の配付をします。

帰りの会（例）

- ○生活目標の振り返り
- ○今日のキラッとさん
- ○係や委員会などから
  のお知らせ
- ○先生の話
- ○帰りのあいさつ

各学校で設定されている月ごとの生活目標について、1日を思い出して個人で振り返りをします。成功や反省を次の日に生かせるように声をかけましょう。

その日、活動に意欲的だった子供やクラスのために貢献していた子供を称賛し、全員で共有します。互いを称賛することでよりよい人間関係づくりに努めます。また行う際は、特定の子供ばかりに発言が集まらないようにするなどの工夫も必要です。

各係からのお知らせや発表など、朝の会・帰りの会は学級活動を生かせる貴重な時間です。また、代表委員会等の決定事項を伝達することも考えられます。

朝の会・帰りの会のプログラムは、教室後方に掲示すると日直の子供たちが顔を上げて進行することができます。

席替え班づくりで「思いやりの心を」

あたたかい気持ちで班編成

ねらい

席替えの際に所属感・達成感を意識することを通して、より広く豊かな人間関係を育みます。

一言握手であたたかい雰囲気を

　最終学年の子供たちにとっても席替えは、学習環境や人間関係をつくる上でとても重要なものです。

　座席は教師が意図的・計画的にクラスの実態や人間関係に配慮して決定します。子供に全てを任せて自由に席を替えたり、運任せにくじ引きにしたりすることなどは避けましょう。**事前に、視力やこれまでの座席についてのアンケートを取るなどしておくと、座席の偏りがなく決定できるでしょう。**

　実際に席を替える際は、簡単なメッセージをカードに書いて渡す方法が考えられます。また、今まで学習や生活で支え合ってきた班メンバーに具体的な場面を想起させて、感謝の一言を添えて握手をするようにします。照れながらも**「この班でよかった」**という所属感と達成感が生まれるようにします。同じように、これから支え合う新しい班のメンバーとも一言交わし、握手をします。握手をした後は新しい班の名前を話し合い、決定します。班編成後にすぐに話合いを行うことで子供たちの人間関係を見取り、今後の指導に生かすことができます。また、教師は班での話合いや協同作業を考慮し、男女比に差が出ないようにしたり、学力を考えたりした編成にします。

席替え・班編成　四つのポイント（高学年共通）

①**席替えは教師が行う**
　アンケートや意見は参考にしても最終的には教師が意図的に決定しましょう。
②**友人関係を考慮する**
　くじ引きやお見合い方式などの偶然性を排除することも大切です。
③**学力バランスを考慮する**
　学習が得意な子供や苦手な子供を一つの班に集めず、バランスよくすることで班の中での教え合いや助け合いを促します。
④**男女の配置を考慮する**
　班の中で男女の人数に差が出ないようにしましょう。また、1列の中で男女を交互に配置することで、意図的に交流が図れるようにします。

これまでの班メンバーと握手をする

新しい班の名前を話し合う

―― 席替え・班編成のポイント ――

　席替えでは、子供たちが落ち着いて学習や生活に取り組むことが何よりも大切です。偶然性を排除し、教師が様々な配慮をした上で意図的に決定することが一般的ですが、くじ引きやお見合い方式などのやり方で行う場合は、子供たちだけで決めさせず、必ず教師が状況を見て、望ましい座席配置になるように、時には席を移動したり、班を変えたりすることを伝えておきます。班編成では男女比や学力差も考慮して決定します。

6年生では「責任を」 給食当番・掃除当番

責任感を育てる当番活動

> **ねらい**
> 学級全体が気持ちよく生活するために、一人一人が役割を分担して活動することを通して、責任感を育みます。

一人一人の役割を明確に！

給食当番

　配膳に必要な人数で編成し、円滑に仕事ができるように配慮することが大切です。学級編制が変わり、学級ごとに手順が異なってしまっている場合、はじめに配膳や片付けの仕方を、教師が示す、映像を見せる、掲示するなどして、全員が手順や内容を理解して行えるようにします。時間を守って手早く準備するとともに、自分の分担が終わっても人手が足りないときは、進んで手伝うなど、協力して取り組めるようにします。また、片付けも洗う人のことを考えてきちんとできるように、年度当初にしっかり指導していきます。活動中、教師は一人一人の様子を気にかけ、支援しましょう。

掃除当番

　掃除は、分担する場所により掃除の仕方が異なるので、手順をはじめに確認しておくことが大切です。掃除前にその日の目標を決めたり、終了後に振り返りをしたりすることで、互いの頑張りを認め合うことも大切です。高学年になると自分たちの教室や廊下の掃除だけでなく、特別教室等の掃除が分担されることでしょう。**「高学年だからこそ任されている」**という責任感をもたせ、取り組ませます。教師は教室の掃除を手伝うだけでなく、分担されている掃除場所を巡回し、円滑に掃除が行われているかを確認します。

第2章 これで完璧！ 6年生の学級づくりのコツ

責任感を高める指示

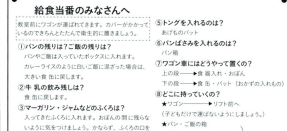

学級の人数や人間関係に配慮し、分担表をつくり掲示します。

配膳の手順や片付けのルールについての確認事項を掲示し、共通理解を図ります。学校全体で統一されていれば、それを掲示するとより効果的です。

掃除を担当する場所

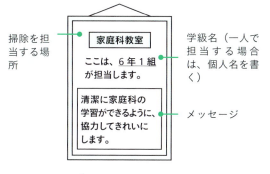

学級名（一人で担当する場合は、個人名を書く）

メッセージ

輪番で様々な場所を経験できるよう工夫した分担表にします。

担当する場所に、学年組名やメッセージを掲示します。

―― 当番活動のポイント ――

　当番活動では、一人一人の子供に明確な役割があり、できるだけ仕事を均等化し、公平に分担することが大切です。子供たちが不公平感等を抱かないよう配慮します。「この学級やこの学校を過ごしやすくする」ために、責任をもって行うのだということを意識できるように、めあてを立てたり、毎回振り返りを行ったりすることも考えられます。

学年だよりの基本

学年だより作成の
ポイント

ねらい

保護者に分かりやすく、安心感を与えられる学年だよりをつくります。

必要なことを確実に伝える

「給食はいつまでかな」。共働きが多くなる6年生の保護者が気にすることの一つです。年度の始まりに年間予定表を配付していても、多くの保護者は学年だよりで予定を詳しく確認しています。可能な限り早い段階で学年だよりを発行できると、保護者は様々な見通しをもって、安心して子供たちを学校に送り出すことができます。

以下のことは、学年だよりに必ず載せましょう。

- **学習予定**：教科等の学習予定を知らせします。例えば、算数の時間にコンパスが必要な場合は、事前に伝えて準備をお願いします。
- **行事予定**：その月の予定を知らせます。下校時刻も一緒に載せておくと、子供の帰宅時間を予想できるので、保護者がより安心できます。
- **会計に関すること**：金銭トラブルとならないよう、会計報告を兼ねる場合は、金額の詳細も伝えます。
- **行事の細かい内容**：校外学習の場合は、弁当の準備が必要かどうかを記載しましょう。食物アレルギーへの配慮についても記載します。

学年だよりは、学校の名のもとに発行するものです。事前に学年や管理職で読み合い、訂正を加えることで、より分かりやすく伝わりやすい学年だよりになります。必ず管理職にも確認してもらうようにします。

第2章 これで完璧！ 6年生の学級づくりのコツ

▼学年だよりの例

（5月の学年だより例）

最初の学年だよりには、学年で共通して使用する学習用具や学年を担当する先生の紹介を載せます。はじめに用具や担当の先生が分かると、保護者は安心できます。

最後の学年だよりには、これまでの学校教育への理解と、協力に対する感謝の言葉を載せましょう。感謝の言葉が、保護者とのつながりを強くします。

POINT

――― 学年だよりのポイント ―――

保護者は、学年の行事予定をよく確認します。誤りがないことはもちろんですが、変更があった場合には速やかに伝えるようにしましょう。

051

学級通信のアレンジ

学級通信は、保護者と学級の架け橋

ねらい

学級で輝く子供たちの毎日の生活や学習の様子を伝え、学級と家庭の架け橋となる学級通信をつくります。

タイトルを工夫して、親しみやすい学級だよりをつくろう！

　子供たちは、進級と同時に最高学年としての自覚が芽生えたり、1年後の卒業を意識したりします。また、新しい学級への期待と不安も抱いています。小学校生活最後の1年をどのようなものにするのかは、学級目標づくりを通して明確にしていきます（本書P.42、43参照）。保護者と学級の架け橋になる学級通信のタイトルは、学級通信の顔であり、方向性を示すものでもあるので、学級目標の言葉や学級の合言葉を学級通信のタイトルにすることも考えられます。学級通信に対する親しみがグッと深くなります。

　学級通信は、定期的に発行して、子供たちの輝く場面を家庭に発信していきます。大変・負担と感じる先生も多いと思います。また、高学年になると共働きの家庭も増えてくるので、時間をかけて発行した学級通信でも保護者に読んでもらえないことも考えられます。**そこで、視覚から伝わる部分を多くするために写真を活用してみましょう。**「百聞は一見にしかず」という諺（ことわざ）もあります。学校生活の中には、子供たちが輝く場面（発表、活動、学習、ノート、休み時間、給食、清掃など）がたくさんあります。一人一人が輝く場面を見付け、発信すれば教師に対する保護者の信頼は厚くなることでしょう。なお、学級通信は学級担任個人の「たより」ではありません。「学校」で発行するものなので、必ず管理職に確認してもらいます。

第2章 これで完璧！ 6年生の学級づくりのコツ

▼学級通信の例

学級目標の言葉を学級通信のタイトルにすることで、親しみある学級通信になります。

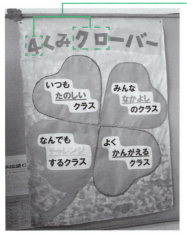

――― 学級通信のポイント ―――

写真の掲載や使用について、家庭に承諾を取る学校が増えています。担任する学級の承諾状況については、丁寧に確認をしましょう。

6年生への褒め方・叱り方

子供に「寄り添う」褒め方・叱り方

ねらい

褒められる、叱られる経験を通して、自己を振り返り、自己を生かしていこうとする態度を育てます。

子供の力を信じ、共に歩んでいく姿勢

　教師はこれまでの経験から、こんな場面ではこう声をかけるとうまくいく、というような経験をもとにした「言葉」をもっています。しかし、そんな「言葉」にどこか安心感をもってしまっていることはないでしょうか。子供は一人一人褒められたい内容も違えば、褒められたいタイミングも違います。また、「よかったよ」の言葉で伸びる子供もいれば、「まだ、もう少しだね」という言葉で伸びる子供もいます。当然ですが、一人一人性格も違えば、考え方も違います。**だからこそ、教師は一人一人の気持ちに寄り添い、一人一人に合う「言葉」を選んでいかなくてはなりません。**

　そのために日頃から、子供たちをよく見る目をもつことが必要です。その子供が何を思い、学校に通っているのか、またどんなことを頑張り、どんなことに悩んでいるのか、そういった子供の気持ちを感じ取り、心を働かせていかなければなりません。大切なことは、一人一人に寄り添い、その気持ちに応えていくということです。

　叱られたときに「ただ怒られた」と感じさせるだけでは、成長につながりません。時には毅然と厳しく指導することもありますが、その中でも、「必ず成長できる」「学んでいける」と子供の力を信じ続けること、期待し声をかけ続けていくことが、教師の大切な役割ではないでしょうか。

「褒める」ためには、日頃の「教師の目」が大切!

「褒める」準備を常にしておく

① [協力の姿勢]:
目立つ行動ではなくても、友達を支えたり、みんなのためになったりする行動を意識できるか。

② [頑張っていること]:
子供が努力していること、これからしようとしていることは何か。

③ [めあて]:
一人一人の「めあて」を把握し、そこを支えていく姿勢をもてるか。

④ [褒めるタイミング]:
いつ、どの場面で、褒めれば本人や学級にとってベストなのか。

「褒める」ときの四つのポイント：6年
①子供の成長を**共に喜ぶ**姿勢をもつ。
②発言や行動だけでなく、過程に目を向け、**価値付け**をする（子供自身が価値に気付けるようにする）。
③**全員**の前で褒め、よさを共有し高め合うことができるようにする。
④できるだけ**視覚化**を図り、よい行動をイメージできるようにする

「叱る」ときほど心を働かせる

「叱る」ときの心得

　教師は叱るときこそ、言葉に注意を払わなければなりません。「よくないことはよくない」という教師の毅然とした姿勢が大切です。しかし、「なぜ、叱られているのか」「自分の言動のどこがいけなかったのか」などについて、本人が理解していなければ、その意味も薄まってしまいます。叱るときほど丁寧に、子供の立場に立った叱り方をし、「先生は私のためを思って言ってくれているんだ」ということが伝わるように留意し、成長につなげていくことが大切です。

係活動の極意

最高学年における係活動

ねらい

子供の創意あふれる係活動を通して、学級生活を楽しく豊かにし、自己有用感を育みます。

子供の創意あふれる係活動に

6年生になると、係活動もより練られたものになり、より協力して進められるようになります。係活動は、学級の子供たちが学級内の仕事を分担し、子供たちの力で学級生活を楽しく豊かにすることをねらいとしています。設置する係の種類や数は、これまで行ってきたものを生かしつつ、6年生の子供が十分に創意工夫して計画し、活動できるよう適切に指導することが大切です。また、当番活動との違いに留意し、教科に関する仕事や友達を間接的に傷付けるような係をつくらないようにしましょう。

係 活 動：学級の生活を、子供たちがより主体的に豊かなものにしていくために創意工夫して行う活動

当番活動：学級の生活が円滑に運営されていくために、必要不可欠な仕事を全員が輪番で担当する活動

6年生は、最高学年として委員会活動やクラブ活動、学校行事の中心として活動することが多くなり、係活動にかけられる時間が少なくなることが考えられます。これまでと同様に、「学級の友達のために」何ができるのかを考え、誰もが活躍できる場を設け、友達から認められることで、自己有用感が育まれます。**また、活動を重ねる中で、5年生までに養ってきた企画力、実践力、課題解決力をさらに向上できるようにしていきましょう。**

創意あふれる 6 年生の係活動の例

「係の分類」	活動例
「図書」係	・おすすめの本についてコラムを書いたり、本の帯、ポップなどをつくったりして紹介します。
「新聞」係	・「好きな○○」などのアンケートを取り、それをグラフにして新聞をつくり、掲示します。 ・学級での出来事や係からのお知らせなどを新聞に掲載して伝えます。必要に応じ、写真を撮ったり、アンケートをとったり、取材したりすることも考えられます。
「お祝い」係	・みんなの誕生日を調べ、月ごとにカードをつくって、プレゼントします。 ・誕生日の人がいる日の給食で「牛乳かんぱい」の言葉かけをします。
「環境」係	・学校内の環境問題について調べ、発表します。新聞係と協力して記事を書くなどします。
「デザイン」係	・教室の壁面を季節に合わせて飾り付けます。 ・集会や行事などでの写真をもとに、吹き出しなどでコメントを付け、思い出を振り返ることのできる掲示物をつくります。
「遊び」係	・クラス全員でできる遊びを提案、実践します。 （例）腕相撲大会、百人一首大会、手づくりボウリング大会
「お笑い」係	・学級の盛り上げ役として、お笑いネタやコント、ダンスを披露します。「まんが係」と共同で4コマまんがを描いて発表します。
「健康」係	・学級の中で健康に生活できるように考え活動します。保健室への付き添いや、健康ポスターなどをつくります。
「まんが・工作」係	・漫画をつくり、冊子にして学級文庫に置いて読んでもらいます。 ・学級生活をイメージするキャラクターを募集し、コンテストを開いて見合い、決定します。 ・誕生日の人へ、お祝いプレゼントを手づくりで贈ります。 ・教室にあると便利な物を発明、制作します。
「生き物」係	・育てた花を花瓶に生けたり、種を取ってみんなにプレゼントしたりします。 ・地域の方に分けてもらった苗を育てます。 ・教室で飼っている金魚への餌やりや水替え体験を順番・やり方を決めて、みんなができるようにします。

―――― 高学年の係活動のポイント ――――

　高学年では、自分のよさや特技などを活動に生かしたり、責任をもって活動を継続したりして、信頼し合って楽しく豊かな学級生活づくりに取り組めるように支援します。

児童会活動の極意

代表委員会を盛り上げよう！

ねらい
子供の思いを大切にした活動を通して、児童会の活動に意欲的に取り組む態度を育みます。

 ## 「議題箱」から充実した児童会活動を

　代表委員会は、児童会として学校生活の充実と向上を図るために、学校生活に関する諸問題について話し合い、その解決を目指した活動を行います。

　代表委員会の構成、組織などは学校によって異なりますが、4年生以上の学年の学級代表、各委員会の代表などが参加します。会に参加をしない下学年の意見も反映できるように、議題が決定したら各学級に短冊を配付し、当日までに集約したり、代表委員が下学年の教室に行き、考えを聞いたりします。

　代表委員会で話し合う議題は、児童会が主催する集会についての計画や全校に関わる生活をよりよくするための約束についてなどが考えられます。例として**「1年生を迎える会を開こう」「6年生を送る会をしよう」「校内をもっときれいにしよう」**などが挙げられます。しかし、毎年行っていることを慣例的に話し合っていては充実した活動にはなりません。そこで、学校に設置されている代表委員会用の**「議題箱」**を学校全体に紹介します。代表委員会で取り上げてほしい議題を募集し、その中から議題を選定します。議題について話し合い、児童会としての意見をまとめ、合意形成して決めます。決めたことを実践するため、各委員会や学級でできることを分担します。子供たち一人一人の思いを集めることで充実した児童会活動につながるよう支援していきましょう。

代表委員会の構成

児童会計画委員会

各学級の代表

各委員会の代表

活動の例

議題箱の紹介
- 朝の会で議題箱の意味と設置場所を紹介する。
- 議題を募集するCMを制作し、給食中に放送する。

子供たちから集まった議題例
- 挨拶があふれる学校にしたい。
- 他の学年ともっと関われる集会がしたい。

代表委員会で話し合った結果
- 新聞委員会が、川柳を全校から募集する。
- 集会委員会が異学年集会を行う。

> 学校をよりよくするために代表委員会で話し合ったことは、児童会としての活動となります。いろいろな委員会にできる役割を担ってもらうことも考えられます。

―― 代表委員会の指導のポイント ――

各学級の学級会で学んだことを生かしながら話合いを進めていくために、学級会と同様に司会グループを輪番制とし、グッズ等を活用しましょう。学級活動で身に付けた資質・能力を生かすことができるようにします。

こんなときどうする？①

子供の話を聞く技術

ねらい

子供と心の通うやりとりができるようにするために、子供の心に寄り添い、信頼される話の聞き方をすることが大切です。

子供の心に寄り添う

　子供の話は大人の話と違い、自己中心的なことが多く、相手に正確に伝えようとするよりも、自分の気持ちの放出であることが少なくありません。そのため、子供の話を正確に理解しようとするあまり、「それはいつのこと？」「誰が何を言ったの？」「そのこととこのことは、どっちが先なの？」と問いただすようになってしまうことがあります。そうなると、子供は心を閉じてしまい、話そうとする気持ちがなくなってしまいます。

　話を聞くときは、まず、子供の話のペースを尊重して、寄り添い、聞いてみることが大切です。聞いているうちに、登場人物や時系列、事柄の詳細が分かってくるものです。

　しかし、様子がつかめてくると、「そんなこと、よくあること」「それぐらいはたいしたことがない」とついつい先回りして、答えやアドバイスをしたくなります。言いたくなっても、ひとまず、時間を置きましょう。また、「先生もねぇ」「私もこんなことがあった」と自分の話にもっていかないようにすることにも気を付けます。子供たちはお説教や自慢話を簡単に見抜きますし、自分の話を聞いてほしいときには、それを嫌います。

　子供の話を聞くときは、聞き手の心を動かしながら、子供の心からの深いメッセージを受け取ることが大切なのです。

①傾聴

ひたすら聞きます。質問して話の腰を折ることなく、事実を正確に聞きましょう。話を聞くときは、声量やトーン、呼吸や姿勢などを子供に合わせると、子供が話しやすい雰囲気をつくることができます。

②うなずき

基本の聞き方として、1つは、大きくうなずきながら聞くということです。「なるほど」「うん、うん」「分かる、分かる」「そうなんだ」と言いながら、大きくうなずいて聞くことで、子供たちは自分の話に興味をもって聞いてくれていると感じ、安心して話すことができます。

③繰り返し

子供が話したことを、そのまま繰り返して言ったり、言葉にして伝え返したりすることで、子供はさらに「分かってくれている」と感じます。

例えば、失敗した子供に、「次は絶対大丈夫」と根拠のない励ましをするよりも、「がっかりしたんだね」「悔しかったんだね」と返す方が、気持ちを共有することができます。度が過ぎないよう、気を付けましょう。

④言い換え、要約

内容を変えずに言い換えたり、話を要約したりします。「あなたが言いたかったのは、こういうことだね」「こういうことがあったから、今、こんな気持ちになっているんだね」と、整理することで、子供自身が自分の気持ちを整理して考えられるようになります。

――― 環境構成のポイント ―――

話の内容や子供によっては、目を合わせることに緊張を感じることがあります。このような場合には、安心して話せるように、真正面から向き合うのではなく、斜めや横並びの位置で話を聞くようにしましょう。また、植木鉢や小物など、さりげなく視線を向けられるものを用意するとよいでしょう。

こんなときどうする？②

子供に話す技術

ねらい

教師は話す機会が多く、そこでの教師の話は子供の成長に大きな影響を及ぼすため、子供に信頼される話し方を身に付けることが大切です。

教師は話し方のお手本

　子供たちが教師の話に耳を傾ける大前提は、教師との信頼関係が構築されていることです。その上で、「先生の話は自分たちのためになる」「先生は自分たちのために話をしている」と思えることが大切です。時には、全員の子供が静かにこちらを見て、話を聞く姿勢になるまで待つようにします。話をするときは、子供たちの目や表情を見て、うつむいたままの子供、よそ見ばかりしている子供、手遊びをしている子供はいないか、うなずきながら聞いている子供はどのくらいいるかなど、自分の話を評価しながら、話します。

教師の立ち位置

　子供からの視線が集まるように、全体の中心を基本としますが、時には教室の隅に立ち、体を子供側に向けた位置に立つことも考えられます。

表情

　子供たちは常に教師を観察しています。教師の明るい笑顔は教室全体を明るくし、暗い表情や無表情は教室全体を暗く冷たい雰囲気にします。教師の表情によって、子供の聞き方は変わってきます。子供たちが安心して話を聞けるように明るく豊かな表情を心がけましょう。

話の内容

　指示・伝達・生活指導等の内容があまりに多いと、子供たちは聞かなくなります。子供の興味・関心をひき、楽しんで聞ける内容を用意することが効果的です。そのためにも情報収集のアンテナを張り、子供のよい行いを紹介したり、社会のタイムリーな話題を取り上げたりしましょう。

話し方

　声の高さ（高い・低い）とスピード（速い・ゆっくり）を話の内容に合わせて工夫し、話が単調にならないようにすることが大切です。場に応じた声の高さとスピードを組み合わせましょう。聞かせたいポイントはゆっくりと話したり、間を取ったり、強く明確に発音したりするなど、抑揚を付けましょう。いずれにしても、文末まではっきりと話すよう心がけます。

―――― 指導のポイント ――――

　話し方の秘訣は、最終的には心で語ることです。子供たちの成長を願い、「子供たちのために」という思いが、言葉を介して子供たちに届くのです。「子供は教師の話を聞くのが当たり前」との概念を捨て、どうしたら分かりやすく子供に伝えることができるかを常に考え、準備して話すことが大切です。

こんなときどうする？③

荒れたクラスの立て直し方

ねらい

荒れてしまったクラスを立て直すのは、大変な労力と時間を要しますので、学級担任一人で抱え込まず、学年、学校、保護者の協力を得ながら、対応します。

規律と人間関係

クラスが荒れる原因は単純ではなく、子供を取り巻く社会の変化、教師の指導力不足、子供の規範意識やコミュニケーション能力の低下などが複雑に絡み合っています。クラスが荒れるまでには、粗暴な言動が増える、清掃活動などの当番活動をやらなくなる、いろいろな物がなくなる、学校の物が壊されるなど、様々な兆候が見られます。事態が深刻になる前に、的確な指導の積み重ねが大切ですが、学級担任との信頼関係が崩れている場合も多いため、学級担任が一人で抱え込むのではなく、学年、管理職、保護者等と協力して、規律と人間関係の再構築を行っていきます。

粗暴な言動に対して
・学習や生活場面で粗暴な言動が見られたら、些細なことでも見逃さないようにします。
・教師や学校のきまりへの反発や批判があれば、子供の考えや思いを聞き、納得が得られるように話し合います。
・粗暴な行為を目にすると、教師自身が興奮し、冷静さを失ってしまう場合があります。的確な対応をするために、冷静な判断を心がけます。

器物破損に対して

　物が壊れ、ごみが散乱し、落書きがあふれた環境では、子供は落ち着いた生活は送れません。教師が率先して「壊れていたらすぐ直す」「汚れていたら、すぐにきれいにする」という環境整備に取り組みます。破損の状況がひどい場合は、立ち入りを制限するなど、他の子供たちの目に触れないようにして、管理職に報告し、記録写真等を撮った後、修繕をします。

子供への関わり方

・学級が荒れてくると、教師も子供たちを避けたい気持ちになることもありますが、互いに理解し合うためにも、子供と一緒に過ごす時間を増やしましょう。
・ついつい気になる子供に目が行きがちになりますが、その子供たちだけでなく、まじめに頑張っている子供たちとの関わりも大切にします。
・毎日できる限り声をかけ、話を聞き、一人一人の子供を理解するように努めます。

保護者へのお知らせ

　保護者に伝えにくいこともありますが、学級の様子は、子供たちを通して保護者に届いているものです。子供たちからの一方的な話にしないためにも、今の学級の状況を学級担任として、どうとらえているか、どうしていきたいかについて、事実を曲げずに、伝えるようにしましょう。学級懇談会等を開く場合は、学年主任、管理職に相談し、決して子供たちだけのせいにしないように配慮し、話の内容をしっかりと決めておきます。そして、日頃の授業の様子をいつでも参観してもよいということも伝え、子供たちを監視するのではなく、多くの大人で育て、支えられるような体制をつくります。

―― 指導のポイント ――

　指導の足並みが乱れたり、規制や禁止の指導に偏りがあると、子供が不満を感じたり、教師に対する不信につながったりして、効果が上がりません。学校全体で、教員間の共通理解を図り、一貫した指導を行うようにします。

こんなときどうする？④

子供の怪我の対応

---- ねらい ----

子供が怪我をしたときは、冷静に対応することを心がけます。

子供や保護者の立場で冷静な対応を

　子供は元気で健康が一番ですが、予期しないところで怪我や病気になってしまうことがあります。子供が学校で怪我をしたときには、すべきことがたくさんありますが、まずは子供の安全を最優先し、冷静に対応していきましょう。その際、管理職には状況をその都度報告します。怪我の状況によって異なりますが、基本的な対応としては、次のようなことが考えられます。

子供が怪我をした際の対応ステップ

1. 養護教諭と怪我の様子を確認する。
2. 本人から状況が聞ける場合は、聞く。
3. 管理職に報告し、病院に連れていくか、救急車を呼ぶかなどの指示を仰ぐ（首から上の怪我は、必ず病院へ連れていく）。
4. 保護者に連絡し、状況を伝える。
5. 事実を周りにいた複数の子供から聞く。
6. 怪我をさせた相手がいる場合は、その子供の保護者に事実を伝える。
7. その日のうちに、もう一度怪我をした子供に連絡を入れ様子をたずねる。あるいは直接お見舞いに行ったり、家庭訪問をしたりする。

保護者への対応で気を付けること

○「この程度の怪我なら、たいしたことないですよ」「足でよかったです」などと、軽く扱ったり、自分で勝手に判断したりしないようにします。
○怪我をさせた相手がいる場合は、病院の診断結果が分かり次第、怪我をした子供の保護者の了解を得て、状況を伝えるようにします。怪我の具合によって長期の治療が必要になる場合は、それについても伝えます。
○怪我をさせた子供への指導の内容を両方の保護者に伝え、今後の指導について確認します。

※**怪我が起きてからの対応や、本人や周りの子供たちから、聞き取りをしたことなどは時系列でまとめておくようにします。**後でトラブルになった場合は、このような記録が大変重要になります。

治療費について

治療費は怪我をさせた側もした側も、気になるところです。病院の説明をもとに、養護教諭から十分に説明してもらいましょう。子供の怪我には、**スポーツ振興センター災害給付制度**があります。制度に同意し、掛け金を払っていれば、怪我をしたときに適応されるものです。治療費の負担の心配が少なくなります。ただし、歯や目の怪我のように、怪我の内容によっては、そのときだけの治療で終わらないものもあります。

指導のポイント

「学校の管理下で怪我をさせてしまい申し訳ない」という謝罪の気持ちを保護者にきちんと伝えることが、問題の深刻化を防ぎます。怪我をさせられた保護者の立場からすると、謝罪の言葉があるべきだと考えるのは当然です。ただし、謝罪にいくかどうかは、怪我をさせた子供の保護者が判断するところですので、事実をしっかり伝えるようにしましょう。

こんなときどうする？⑤

不登校の子供の支援

ねらい

高学年の不登校は、長期化している場合が多くあります。不登校の子供へは、その状況に配慮した対応を粘り強く行うことが大切です。

粘り強い対応を

　不登校の状況は様々で、原因も心理的な問題だけでなく、虐待などの家庭の問題、いじめ、発達障害など様々な原因が考えられます。いずれにしても、高学年の不登校には、ほとんどの場合、**長期化、学習の遅れ**といった二つの課題が見られます。欠席が長期間続くと、早期の回復は難しいため、まずは、子供や家庭との信頼関係づくりを最優先に取り組み、粘り強く対応することが必要になります。

子供の状態を見極める

　子供がどのような状態にあり、どのような援助を必要としているか、その都度見極め、適切な働きかけや関わりをもつことが必要です。

〇情緒不安定になったり、混乱したりする時期

　安定した、安心できる時間や空間が必要です。登校を強く促すなど一方的な刺激はストレスを増大させ、保護者の気持ちを混乱させてしまいます。

〇興味・関心にあることに取り組んだり、言動に安定が見られたりする時期

　心のエネルギーを蓄えている時期です。子供の状態に合わせて家庭訪問等の手立てをとりつつ、見守ります。安定が続いたら、相談機関につながる可能性も出てきます。ただし、突然の家庭訪問は禁物です。

○「何かをしたい」という気持ちになってくる時期

子供ができそうな目標を設定し，達成できたらそれを認めてあげることが大切です。まだまだ不安定な面もあるので、結果を早く求めすぎないように気を付けましょう。

学習のサポート

自分の学習の遅れを誰よりも感じているのは、子供本人です。子供の学習状況を把握し、計画的な支援をしていきます。できることから少しずつ始めて、自信をもたせましょう。学習障害が疑われる子供が、適切な支援を受けられていないことで不登校になっていることもあります。保護者との話合いの中でも、学習支援をどのように進めていくか、具体的な方法を提案できるようにしましょう。卒業が間近になると、中学校への進学についての不安も出てきます。勉強をしたいと思いながらも学校に行けない子供には、フリースクールや適応指導教室などを紹介することも考えられます。

高学年の不登校は、保護者からの自立が必要です。保護者には、子供の自立を**「助ける」**から**「見守る」**になってもらいましょう。教師は、子供とのつながりを深めるために、例えば、手紙や日記の交換、子供の好きなことを一緒に行います。登校の誘いは保護者を通すのではなく、直接本人に働きかけます。学校に来られた際には、子供の様子を保護者に知らせましょう。できなかったことよりも、できたことを中心に伝えるようにします。

不登校であっても、「この子も6年○組の学級の仲間だ」という意識を他の子供たちがもつようにしましょう。例えば、その日の学級の出来事を交代でみんなで書いたり、メッセージを書いたりすることも考えられます。

―――― 環境構成のポイント ――――

高学年の不登校は、学校に登校できないストレスを保護者にぶつけたり、登校刺激に対して、大きく反発したりすることがあります。保護者から話が聞けなくても、親子関係の状況を把握しておき、配慮した対応をすることが必要です。小さな頑張りを認め続けるようにしましょう。

授業参観　普段の授業でも信頼されるコツ

信頼が生まれる授業参観

> **ねらい**
>
> 子供たちが笑顔で学校に通えることを大切にし、子供一人一人に寄り添う教師の姿や子供同士が尊重し合う姿から、保護者の信頼を得られるようにします。

一人一人を尊重し、友達同士をつなぐ指導

「教師が子供の確かな学びのために教材研究をし、指導計画をしっかりと立てて臨んでいる」という姿が保護者の安心や、信頼につながっていきます。また、授業の内容だけでなく、学級という集団生活の中で、子供の表情や、自分らしさを出せているか、ということも保護者にとっては気になることの一つです。

例えば、授業参観の一場面を見たときに、進んで手を挙げ発言できる姿は目に留まりやすいでしょう。しかし、その隣の子供はどんな顔をしているか、周りの子供は友達の頑張りに対してどんな反応を見せているかをしっかり観察しましょう。大切なことは、友達同士がつながっているということです。**「共に喜び合い、共に支え合える」**。よりよい人間関係をもった学級では、子供たちはあらゆる場面で前向きに学習や活動に取り組み、共に高め合っていこうとする生き生きとした表情になっていくものです。

このような子供の姿を見た保護者は、安心した気持ちで見守り、指導に対する理解も深まっていきます。そういった関係が子供のよりよい成長につながっていくことでしょう。子供たちにとって、安心した居場所である学級に信頼は生まれてくるのです。

第 2 章　これで完璧！　6 年生の学級づくりのコツ

一人一人が認められ、友達とのつながりを感じられる授業

教師の言葉であたたかい教室を

一人一人を見取った指導や言葉かけ
「〇〇さん、頑張りましたね」。
「△△さんのいいところですね」。
※授業の中でこうした言葉かけを意識することで、子供たちの表情も変わってきます。

子供同士が反応し合う

「ぼくも〇〇さんと同じで…」。
「ぼくも□□さんと似ていて…」。
※友達の意見を聞いていることが分かります。友達の考え、言葉を大事にしていきます。

「〇〇さんの考え、みんなはどう思いますか」。
※子供同士がつながるように意識して投げかけます。

「うん、うん」とうなずく。
話し手を見て聞く。
※発言するばかりが大切なことではありません。相手に寄り添う姿勢は、教師がお手本になりましょう。

―――――― 子供同士がつながるポイント ――――――

　保護者にとって、学級の人間関係は気になることの一つです。子供同士の結び付きは、授業参観のみならず、普段の授業風景の中でも大事なことです。そのためにはまず、子供が友達に関心をもつこと、そして学級の大切な一員であることを自覚できることが大切です。そうした教師の意識が学級を変え、子供たちの表情を変え、保護者の信頼を生んでいきます。すぐに答えは出ずとも、日々の学習や生活の中での積み重ねが力となっていきます。繰り返しの指導を心がけていきましょう。

個人面談　家庭に寄り添う基本ルール

子供や保護者の願いを受け止める個人面談

ねらい

日頃の子供の学校生活の様子や、学習への取組、友達との関わり等を丁寧に伝えます。また、子供や保護者がもっている願いや、心配なことなどにもよく耳を傾け、寄り添い、今後の指導へと生かします。

伝える内容を明確にし、保護者の思いに心を傾ける

毎年、年度初めを含めて、年間で数回、個人面談が予定されています。時期によってねらいは違いますが、個人面談において特に大切なことは、**「伝えること」**と**「聞く（受け止める）こと」**で、教師と保護者とが、言葉で心を通わせて、子供のよりよい成長に向かって**「共通の理解」**を見いだしていくことです。

「共通の理解」とは、例えば、その子供がもっている長所や悩み、努力していること、また努力が必要と思われることなどが挙げられます。これらのことについて共に同じ認識をもつことで、今後の指導方法についても考えを深めることができます。子供たち一人一人に寄り添い、個に合った対応をしていこうとする姿勢が、よりよい個人面談の時間となり、保護者との信頼関係につながっていきます。信頼関係を築いていくためには、日頃の積み重ねが大切です。日々の学校生活の中で、教師が気付いたことをノートやパソコンに記録することで教師としての意識も変わってきます。ノートには子供たち全員の名前があり、そこにその子供のすてきな発言や行動、友達との関わり等について、その都度書き込みます。個人面談でこのノートが活用できることはもちろん、教師自身の指導の振り返りにも生かすことができます。

保護者に寄り添う個人面談の「心得」

○伝える内容を準備し、丁寧に明確に伝えること
○子供のよさや成長を見取り、共に喜び合えるよう心がける
○保護者の思いを「受け止める」姿勢を常に心がけること
○個人面談をして終わりではなく、面談の内容を今後の指導に生かす
○教室環境や服装、言葉づかいにも気を配る姿勢

記録ノートを用意する

子供のすてきな「発言」「行動」を中心に記録していきます。どのような場面であったかも詳しく記録しておくことで、個人面談のときに、より具体的に様子を伝えることができます。

あまり記録がされていない子供に気付いたときは、意識して見ていくようにします。

個人面談の招待掲示物
子供の手づくり表示なども心があたたまります。

――― 伝えるときのポイント ―――

　学習面や生活面などでの課題を伝えるときは、指摘に終わるのではなく、現状を正確に伝えるとともに、それについての教師の手立てや、現在行っている指導について説明ができるようにしましょう。そうすることで、問題意識を互いに共有しやすくなり、よりよい解決に向けて連携を図っていくことができます。

学校行事　完璧指導①　修学旅行

人間関係形成と個の成長を目指した修学旅行

ねらい

修学旅行という集団宿泊活動を通して、互いを思いやり、共に協力し合うなど、子供たちがよりよい人間関係を形成し、卒業へ向けて成長していこうとする態度を養います。

修学旅行は、卒業へ向けて成長するための絶好のチャンス！

卒業アルバムの個人・クラスページに、「思い出ランキング」を載せているのをよく見ます。そこには、自然教室や修学旅行といった集団宿泊的行事が挙げられていることが多いです。しかし、これらを単に「楽しい行事」として終わらせたくはありません。集団宿泊的行事を通して、豊かな人間性や社会性を育んでこそ、真に価値ある体験活動となります。

学校や自治体によって、実施時期や宿泊日数は異なり、それに合わせた様々な活動を行っていることでしょう。大切なことは、子供たちの実態を踏まえ、何を目指した活動なのかを考え、活動内容を吟味することです。

ここでは、**「学級活動との関連を図った夜の集会活動」** と **「保護者からの手紙サプライズ」** の2点を紹介します。「学級活動(1)との関連を図った夜の集会活動」では、事前に学級会を実施し、夜の集会で学級ごとに何を行うかを話し合って、実践します。自分たちで決めた活動があると、自分たちだけの修学旅行となり、その価値が高まります。「保護者からの手紙サプライズ」では、事前に保護者へ依頼し、自分の子供宛に手紙を書いてもらいます。もちろん、全員分の手紙を集められることが実施の条件です。多くの感動体験の中で、最高学年として卒業へ向けて成長していく場としたいものです。

学級活動(1)との関連を図った夜の集会活動

学級会で話し合い、「キャンドルファイヤー」のような環境で、「踊り」「腕相撲」「人間知恵の輪」を行うことになった例です。実際に火は使えないことから、懐中電灯とスズランテープ等で演出すると決めています。

保護者からの手紙サプライズ

「先生からの話がある」と子供たちを部屋に集め、子供たちには「お説教が始まる」と思わせてから、「実はね…」と保護者からの手紙を渡します。涙ぐみながら何度も読み返す姿が見られることでしょう。そっとBGMを流す演出などをすると効果的です。

―――― 修学旅行の指導のポイント ――――

子供たちのよりよい人間関係形成を意図した活動内容やグループ編成を工夫するとともに、「学級活動(2)イ　よりよい人間関係の形成」の指導とも関連を図りながら取り組むことが大切です。単に「引率する」のではなく、「特別活動の授業をする」という意識で指導に当たることが重要です。

学校行事　完璧指導②　運動会

盛り上げよう！小学校生活最後の運動会

ねらい

最高学年として臨む、小学校生活最後の運動会を盛り上げようとする気持ちをもって参加することを通して、主体性を育みます。

子供たちの思いを大切に

　運動会は、学校行事の中でも最も大きなものの一つです。子供が活躍する姿を、保護者や地域の方々も楽しみにしています。競技や表現、係での活動等で子供たちの生き生きとした姿が伝えられるようにしましょう。**また、運動会の練習を通して、運動に親しむ態度やきまりを守って行動する態度、集団での連帯感、最高学年としての責任感などを育める大きなチャンスです。**一つ一つの活動で育みたい力を意識しながら指導していきましょう。

　6年生は、運動会に関わる全ての活動において、学校の中心となっていきます。子供たちの小学校生活最後の運動会にかける思いも膨らんでいることでしょう。ここでは、児童会で話し合われて実現した、運動会をさらに盛り上げる工夫を紹介します。

①各組全員での円陣

　運動会直前の全校練習後に応援団が中心となり、各組全員が円陣を組み、気持ちを高めます。

②運動会マスコットキャラクターの実写化

　運動会の合言葉を話し合って決めるだけでなく、キャラクターを実写化し、全校競技前に寸劇を行います。

各組全員での円陣

　児童会で挙がった、「全員で円陣を組みたい」という意見を応援団が全校練習後に子供たち全員に呼びかけ、休み時間に円陣を組みます。円陣の後は全員が応援団とハイタッチをして「頑張ろうね」「頑張ってね」と声をかけ合います。

運動会マスコットキャラクターの実写化

　募集した運動会のマスコットキャラクターを実写化します。全校競技（大玉送り）の前に登場し、赤組と白組が競うきっかけとなるストーリーを考え、演じるなど、演出の工夫が大切です。全校児童だけでなく、保護者もとても盛り上がります。

――― 運動会指導のポイント ―――

　運動会の指導に当たっては、教職員、子供たち、保護者それぞれに意義を十分に理解してもらうことが大切です。ねらいを明確にし、終了後には達成できていたのかについての反省を行い、次年度に引き継ぎましょう。

保護者への感謝の気持ちを表そう

 # ありがとうの会を開こう！

ねらい

保護者にこれまで成長してこられたことへの感謝の気持ちを伝えるため、ありがとうの会を企画したり、メッセージや歌を送ったりすることで、感謝する心を育みます。

 ## 親子の触れ合いを大切に

6年間、元気に学校に通えたのは、保護者の大きな支えがあったからです。子供たちは、分かっていても、恥ずかしさから上手に伝えられない場合もあります。日頃の学級活動や道徳の授業で、自分自身や家族のことを振り返りながら、いつも支えてくれた家族への感謝の気持ちを育てていきます。

保護者に対するありがとうの気持ちを伝える方法には、「ありがとうの会」などの会を企画し、保護者を招待することが考えられます。 この場合、学級で勝手に行うのではなく、学年で共通理解を図ります。最後の授業参観の後で行うなど、保護者が参加しやすいように、日時や場所を事前に伝えることが大切です。プログラムには、親子で触れ合って楽しめるゲームを取り入れるのもよいでしょう。

また、懇談会や保護者会で、子供たちからの歌やメッセージをビデオレターにして伝えることも考えられます。歌は、音楽や学級の時間に歌っている様子を撮影します。メッセージは、卒業式風の呼びかけにすることで、全員が役割を得られます。必ず全員が登場していることを確認しましょう。感謝の手紙を最後の授業参観の後に渡したり、卒業式の日に、保護者控え室にそっと置いておいたりすることも考えられます。

第2章 これで完璧！ 6年生の学級づくりのコツ

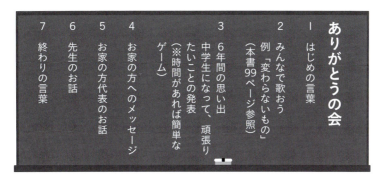

ありがとうの会（板書例）

活動例　「頑張りたいことの発表」
　一人一人が6年間の思い出や、中学校で頑張りたいことを「何も見ないで、自分の言葉で」発表します。また、学級全員で詩を工夫して群読するなどしてもよいでしょう。

ゲーム例　「私は誰でしょうクイズ―」
　・子供しか知らない情報をもとに、保護者が答える。
　・保護者しか知らない情報をもとに、子供が答える。

ビデオレター

保護者への感謝の手紙

――――― 保護者に感謝の気持ちを伝える際のポイント ―――――

　家庭の事情で、保護者がいろいろな会に参加ができない場合もあります。一人一人の家庭状況に留意してから、行うようにしましょう。

第3章

子供たちの学習意欲を伸ばす！
6年生の授業のコツ

授業に入る前に　Check　Point①　「学習ルール」

6年生だからこそ、学習ルールの再確認を！

ねらい

授業における基本的な学習ルールを徹底することで、主体的な学びにつなげられるようにします。

学習ルールの基本は1年生にあり！

　持ち物等のルールは、1組はもってきてもよいと言われているのに、2組は禁止されているというような、学級間で差があると、それが不公平感につながります。基本的な学習ルールを、学年や学校で統一しておくことが大切です。「スタンダード」をつくっている学校もあります。

　基本的には、1年生の際に確認している様々な学習ルールを再確認することが大切です。「鉛筆や下敷きを使う」「書くときの姿勢」「話を聞くときの体の向きや目線」など、1年生で教わったことを再確認し、6年生であっても同様であることを共通理解したいものです。6年生が1年生に教えるといった工夫も考えられます。**また、6年生だからこそ、そのルールの意味や必要性について考え、「なぜ、そのようなルールになっているのか」について理解することが必要です。**

　カラーペンを可としている学校もあれば、不可の学校もあることでしょう。6年生になっても鉛筆だけでノートをまとめるというのは、「きれいにノートをまとめたい」という純粋な欲求を否定してしまい、主体的な学びという観点から逆効果となってしまうことも考えられます。そこで、道具箱に入っている色鉛筆は使ってよいとするなどの工夫が考えられます。ルールを守った上で、工夫していく姿を認めましょう。

第3章 子供たちの学習意欲を伸ばす！ 6年生の授業のコツ

▼ある小学校の「スタンダード」の例

朝の会	○月曜日は、8:30から朝会が始まるので整列していましょう。 ○火曜日は、8:30～8:40に朝読書をしましょう。
学習中	○授業に必要な物は、始まる前に机の上に準備をしましょう。 ○名前を呼ばれたら、「はい」と返事をしましょう。 ○ノートには、Bや2B以上の鉛筆で下敷きをしいて書きましょう。 ○体育のときには、白の体育着、紺のクォーターパンツやハーフパンツ、赤白帽を原則として着ましょう。 **○体育のとき、髪が長い場合は結びましょう。** ○特別教室へは、クラスで並んで移動しましょう。
持ち物	○筆箱の中身は、HBやB以上の鉛筆、赤鉛筆（赤ボールペン）、消しゴム、定規です。 ○彫刻刀、カッターナイフなどは、先生からの指示があるとき以外は学校に置いておかずに、持ち帰りましょう。 ○学習に必要のない物は学校に持ってきてはいけません。 　特別な事情がある場合には、お家の人から先生に連絡してもらいます。 ○シャープペンシルは学校に持ってきてはいけません。 ○持ち物全てに名前を書きましょう。 ○ランドセルは、6年間大事に使うようにしましょう。 ○連絡帳は、使い終わったら職員室に行き、もらうことができます。

学習ルールにクラスごとの差がないから安心だね。

色鉛筆を効果的に使うと、見やすいノートをつくることができるから、ノートをまとめるのも楽しいよ。

ルールにもとづいたノート記述

――― 学習ルールの統一のポイント ―――

　子供たちにとって、担任が替わる度に学習ルールが変わるというのは、混乱を招くことにつながります。学校で統一されたルールが明確になっていることが大切です。そこまでの共通理解が図れていない場合でも、学年での統一は必要です。教職員間でしっかり話し合いましょう。

授業に入る前に　Check　Point②　「自主学習」

主体的な学びを目指した「自主学習」

ねらい

自分の興味・関心にもとづいた「自主学習」を行うことで、主体的な学びの基礎を育みます。

 好きこそ物の上手なれ。進んで学ぼう自主学習！

　学級活動「(3) 一人一人のキャリア形成と自己実現」が新設され、これまでの「学校図書館の利用」が**「(3) ウ　主体的な学習態度の形成と学校図書館等の活用」**という内容に変わりました。「学ぶことに興味や関心をもち、自ら進んで学習に取り組むことや、自己のキャリア形成と関連付けながら、見通しをもって粘り強く取り組むこと、学習活動を振り返って次に生かす主体的な学びの実現に関わるもの」などを題材として扱い、指導します。

　そうした主体的な学びの基礎として、週末は宿題をあえて出さず、**「自主学習」**とする方法が考えられます。自分で課題を設定して実践しますが、ある程度、多様な内容を認めることが大切です。例えば、イラストを描いてきたり、縄跳びの2重跳びを100回挑戦してきたりといった内容も認めるようにします。苦手な計算や漢字の練習に自分から取り組む子供もいるでしょう。何事もやらされることよりも、自分から取り組んでみようと思って学習する方が身に付くものです。

　学級活動（3）の指導との関連を図ることで、自分の将来の夢に向けて必要なスキルを高めるためのめあてを自ら設定して実践することができると、さらによいでしょう。**「将来と今はつながっている」**という思いをもって**主体的に学ぶようにすることが大切です。**

自主学習の例①

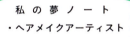

「ことわざコーナー」をシリーズとして、毎日一つノートにまとめています。まさに、「継続は力なり」です。自分で進んでまとめているので、語彙数も増えていきます。

自主学習の例②

新聞形式など、自分なりの方法で、そのときに考えていることや思っていることをまとめています。少し先の修学旅行や将来の夢を綴るノートは宝物になることでしょう。

―――― 「自主学習」指導のポイント ――――

実施した「自主学習」について、教師が紹介して称賛したり、互いに報告し合ったりする場を折に触れて設けることが大切です。最初のうちは「宿題の代わりの自主学習」となってしまうかもしれませんが、これが、主体的に実践する「真の自主学習」になるよう指導していくことが大切です。

国語科の指導のコツ

「やまなし」の世界をより深く読み味わう

ねらい

　描かれた情景を比喩表現や擬声語・擬態語、リズムなどを手がかりに、イメージ豊かに想像し「やまなし」を読みます。「イーハトーヴの夢」や他の作品から、宮沢賢治の生き方、考え方を知り、自分の感じたことが伝わるように朗読できるようにします。

情景を豊かに想像し、物語を読み味わおう

　「やまなし」は、比喩表現や擬声語・擬態語など、宮沢賢治の独特な表現が駆使された、象徴的で深い思想性をもつ作品です。「やまなし」の一つ一つの表現と丁寧に向き合う学習の中で、一つの言葉、連なった言葉がもつ響きやリズム、イメージを大切に読み、味わわせていきます。ただし、「想像する」とは、読み手の知識・体験をもとに行われる活動であることを思えば、そこには大きな個人差が存在します。「ラムネの瓶」を見たことのある子供とそうでない子供とでは、思い浮かべることも違ってきます。**そこで、話合いが重要になってきます。**最初は「この表現は何だろう」と思ったことも、みんなと話し合う中で、読み深めていくことができます。

　指導計画は、場面の概略を読みの視点に沿って明確にするため、「五月」「十二月」をノートにそれぞれ１ページずつ、「二枚の幻灯」を簡単な言葉や図で表し、文章構成を理解することから始めます。次に、「五月」「十二月」それぞれの谷川の情景や出来事を想像しながら読みます。ここで、見付けた表現を短冊に記入し、模造紙にまとめていくことで読みが深まります。その中で「二枚の幻灯」を比較し、感じたことを交流して朗読につなげます。

第3章 子供たちの学習意欲を伸ばす! 6年生の授業のコツ

①読みの視点

【学習計画を立てる】
題名と冒頭の1文から、読みの視点を押さえ、全文を読む。

②全体をとらえる

【イメージ画に表す】
読みの視点に沿って、場面の概略を分かりやすくするため2枚の幻灯を簡単な言葉や図で表し、文章構成を理解する(ノート)。

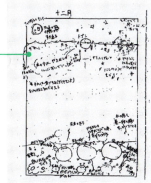

③場面ごとの読み取り

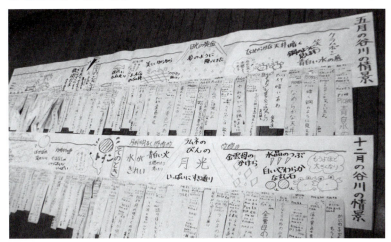

④ それぞれの谷川の情景を想像しながら読む

短冊は2色で、「温かい感じの表現」「冷たい感じの表現」に分けます。子供によってその感じ方が分かれるので、そこを話し合うのも読みを深める一つの方法です。

短冊の上のスペースに、簡単な絵や、表現されている言葉を書き入れていくことで谷川の情景をつかみやすくします。

第3章 子供たちの学習意欲を伸ばす！ 6年生の授業のコツ

⑤「五月」と「十二月」を比較して読む

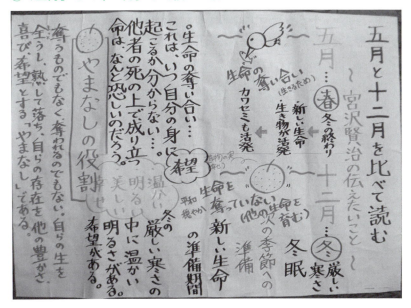

⑥感じたことを朗読で表現する

優れた表現を味わいながら読みます。それによって、自分なりの思いや考えをもつことができます。次に、それを聞く人に伝える工夫をします。情景を具体的に思い描いて、言葉の響きやリズムに特徴がある表現を生かすよう心がけ、朗読します。

指導のポイント

　五月と十二月の谷川の情景を丁寧に押さえた後に、「二枚の幻灯」を比較して読みます。特に上から飛び込んできたもの（落ちてきたもの）に焦点を当てることで、「筆者が伝えたいことは何か」に迫ることができます。子供の実態によって感じ方も様々出ることが予想される本単元は、子供たちの感じたことを大切にした指導が必要です。そのためには、日頃から学級においてお互いが大切な存在であることを認識できるように、学級活動をはじめとして、集団活動を通して関わりを深めることが大切です。

算数科の指導のコツ

既習を生かす！ノートの活用

ねらい

自分の考えや友達の考えを書き込んだノートをつくることで、新しい単元の学習において既習内容を生かした学習ができるようにします。

 自分だけの参考書をつくろう！

　ノートは自分の考えを表現したり、正しいかどうかを確認したり、より分かりやすい説明はないかを探したりと使い方は様々です。ノートを上手に使えるようになると、いろいろな学習を深めることにつながります。

　ノートに書くことは、**①本時の課題、②自分の考え、③友達の考え、④まとめ、⑤感想が基本で、特に「自分の考え」と「友達の考え」を大切にします**。自分だけで考えても分からないことも、友達と一緒だから気付いたり、深く学んだりできるのです。これが、集団で学習するよさです。問題を試行錯誤しながら解いた跡や、友達から得た新しい発見を書き写すことで、ノートにはたくさんの情報が書き込まれていきます。新しい学習内容を学ぶとき、このノートの書き込みを見直すことが、既習内容を振り返ったり生かしたりすることにつながります。1年間の算数の学習で使うノートの数は、4冊以上になることでしょう。使い終わったノートは、既習を見直すことができるように学校で保管したり、ノート同士をのりなどで貼り合わせたりしておくと、「自分だけの参考書」として、いつでも見返すことができます。また、日頃あまり目立たないながらも工夫してノートをつくっている子供のノートを提示することで、その子供のよさや頑張りにみんなが気付き、よりよい人間関係づくりつながります。

第3章 子供たちの学習意欲を伸ばす！ 6年生の授業のコツ

▼ノートの例

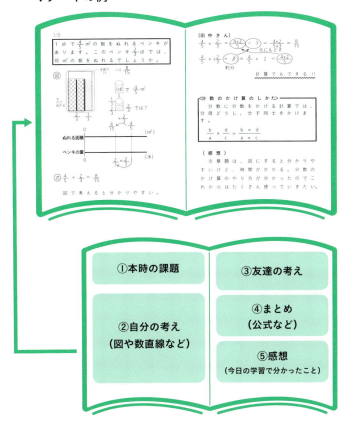

——— ノート指導のポイント ———

慣れてきたら、授業中の友達の発言や教師の説明を書き加えるなどのアレンジも認め、自分なりのノートをつくれるように支援しましょう。

社会科の指導のコツ

知りたいという意欲を大切にした歴史学習

ねらい

導入・展開・まとめ、それぞれの場面で大切にすべきことを教師が意識して授業を行い、子供たちが思考しながら学習できるようにします。

「えっ？」「どうして？」からスタートしよう

```
T：1分間で何ができる？
C：授業の準備。　C：体育着への着替えはできないな……。
T：消防士の人は、着替えて、出動するまでの全部をできるんだよ。
C：すごい。　C：どうして、そんなに早いのかな。
```

このように、社会科の導入では子供たちの疑問や興味を引き出します。ここから学習問題をつくることで、子供たちが「知りたい」という意欲をもって学習を進めていけるようにします。導入・展開・まとめで子供たちに何を考えさせて、気付かせたいかを事前に準備しておくことが大切です。

①導入：資料から学習問題をつくる

「どうして？」という驚きや自分の知識とのズレを示し、学習問題を解決したいと思わせるようにします。

②展開：予想を立て、調べ、考え、話し合う時間

予想を立て、資料を使って調べ、友達と意見を出し合い解決していきます。

③まとめ：学習問題の答えを書く時間

学習問題の答えを書きます。教師からポイントとなる言葉を示すこともあります。

学習の流れ

天下統一へのあゆみ
〜なぜ、織田信長は領地を広げることができたのか〜

導入　＜信長の領地の変遷の資料を提示＞
　　　　C：え！　C：すごい！　C：なんでこんなに広げられたの！？

なぜ、織田信長は領地を広げることができたのか

展開　（予想）
　　　C：戦いが上手かったからじゃないかな。
　　　C：源頼朝みたいに味方を増やした。
　　　C：源義経みたいに戦い方を工夫した。

　　　（調べる）
　　　〈長篠の戦いの合戦の様子の資料〉
　　　C：徳川軍も一緒に戦っているね。
　　　C：鉄砲を使っているよ。
　　　C：柵や堀を利用したことが分かるよ。
　　　〈当時使用した鉄砲の数とその金額の資料〉
　　　C：たくさんの鉄砲を使ったんだね。
　　　C：資料を見ると、鉄砲をたくさんつくらせたことが分かるよ。
　　　C：たくさんのお金がかかったんだね。

まとめ　（今日の学習問題に対する答えを書く）
　　　織田信長は、鉄砲を活用するなど戦の方法を工夫して、戦に勝利することで領地を広げることができた。

　　　（振り返り…今日の学習の感想）
　　・織田信長は戦い方を工夫してすごい人物だと思った。
　　・徳川家康とも同盟を組んで戦ったことが分かった。
　　・たくさんの鉄砲をつくっていたけれど、そのかかったお金はどうやってかせいだのか疑問に思った。
　　　　⇒次の学習につながる視点
　　　　「**織田信長の経済政策**」に目を向けていく。

――――― 学習問題を立てるポイント ―――――

　学習問題は、子供の思考の流れを大切にして、教師と子供が共につくります。そして、子供が解決したいと思う疑問や事実とのズレを大切にします。

社会科の指導のコツ

模擬選挙はポテチ味
～主権者教育を意識～

ねらい

小学生でもできるポテチ模擬選挙を通して、選挙に関心をもち、自分で決めることの大切さを感じることで、主権者としての基礎を養います。

お菓子の味の種類を利用

18歳から投票することができるようになり、主権者教育の考えからも小学生のうちから選挙に興味をもてるようにします。そこで、子供たちに身近なお菓子である、ポテチの味の種類を利用した模擬選挙を行ってみます。

学習の流れ（1～2時間扱い） ※グループを「議員」「有権者」に分ける。

① **議員が、ポテチの味で最も好きなものを選ぶ（自分の考え（政策）を決める）**
　A「うすしお」　B「のり塩」　C「コンソメ」　D「その他」

② **A～Dの政党に分かれる（考え（政策）が近い者で集まり、政党をつくる）**
　投票を得られるように公約を考え、スピーチを準備します。

③ **政党スピーチタイム（政権をとるために模擬政見放送や党首討論をする）**
　各政党が事前に準備をした資料を使って、有権者に公約をアピールします。

④ **投票＆開票**
　政党名で投票し、比例代表選挙のドント式で開票します。
　投票は、公約の内容で決めることを事前に確認します。

⑤ **選挙結果**
　各政党の議員配分が決まり、単独政権、連立して政権をとる政党など、代表者で相談し、最終的に政権をとることを目指します。

第3章 子供たちの学習意欲を伸ばす！ 6年生の授業のコツ

政策を協議し公約をつくる

公約を聞き、投票先を決める

※簡単な体験を通して、選挙の仕組みの流れを知ることを目指します（1時間程度）。選挙前などに行うと、より選挙に興味をもつことができます。

── 主権者教育のポイント ──

　子供たちが、自分の意思で決めるようにしましょう。意思を示すことが主権者教育の第一歩となります。また、政治的中立に留意します。子供たちにとって一番身近な社会は学級ですから、その学級に目を向け、生活上の課題に気付き、よりよい生活をつくるために話し合って改善していけるようにしましょう。

理科の指導のコツ

自由研究の基本ルール

ねらい

長期の休みを生かし、普段はできないことに挑戦することを通して、子供たちの探究心や学習意欲を高めます。

「自由研究」まとめ方のポイント

　子供たちが楽しみにしている夏休みは、長い期間を使って普段はできないことに挑戦できるよい機会です。子供たちの**「不思議だな」「なぜだろう」**という興味や好奇心を高めましょう。

　まずは、テーマを見付けないことには研究は始まりません。子供たち自身が、興味のあるテーマを見付けられるようにすることが大切です。テーマ設定のきっかけとして、自分の身の回りの出来事の中で「不思議に思ったこと」、本やテレビを見ていて「おもしろいなと思ったこと」、学校の学習の中で「もっと詳しく調べたいと思ったこと」などを紹介するとよいでしょう。

　次は、どんなことを詳しく調べるのかを考えさせましょう。幅広く多くのことを調べることもよいのですが、一つのことだけに焦点化して調べることも大切です。また、実験や観察の方法も工夫するように伝えます。後で模造紙にまとめることも考えて、実験や観察は全てノートに書いておくようにします。まとめ方については、右ページのような例を作成し、事前に説明しておくようにしましょう。

まとめ方の例

```
研究の題名（くふうしてみましょう）
　　　　　　　　　○○市立 ○○小学校
　　　　　　　　　○年○組（名　　前）
１．研究の動機　（調べたいと思ったわけ）
２．課題、テーマ
（何を調べるのか、内容を明確にさせましょう）
３．計画（観察・実験方法）
（どんな道具を使って、いつ、どこで、どのように調べるのか、絵や図を使って分かりやすくしましょう）
４．自分の予想
（観察・実験する前に、自分でどのような結果になるか考え、理由も書きましょう）
５．観察や実験の結果
（字だけでなく、図や表、グラフ、絵、写真などを使って、結果を正確に分かりやすく表しましょう）
６．研究のまとめ
（分かったことや考えたこと、反省、疑問、感想などをまとめましょう）
※参考資料
（参考にした本や図鑑の名前、出版社など）
```

自由研究を夏休みの課題として出す場合は、左のようなまとめ方の例を示したものを各家庭に配付しておくことが大切です。

前年度までの手本になるような子供の作品を撮影しておき、紹介する方法も考えられます。

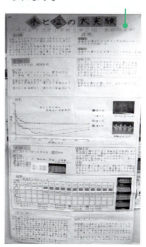

高学年の自由研究テーマ例

○○の育ち：植物を育て、その生育状況をまとめる。
メダカの観察：学習したことを生かしてメダカの生育環境を整え観察する。
流れる水のはたらき：上流と下流の川の形状や石の形を比較する。
太陽と月の動き：月の満ち欠けについて毎日観察する。

―― 自由研究のポイント ――

　自由研究は、子供の自由な発想や学習意欲を最大限生かすため、家庭の協力が欠かせません。保護者会や学級通信等で話題にし、子供たちだけでは難しい部分については協力してもらえるよう家庭に呼びかけておきましょう。

音楽科の指導のコツ

クラスがまとまる歌唱指導

ねらい

　自分たちの今やこれからを表す歌に出合うと、「歌いたい」「歌うことが楽しい」という気持ちがより大きくなります。歌いたいという気持ちを歌唱指導と学級経営に生かします。

歌が学級を育てる

　多くの子供たちは、幼い頃から「歌うことが楽しい」「気持ちがよくなる」と感じています。しかし、6年生になると高い声が出にくくなったり、歌うことを恥ずかしいと感じたりすることがあります。歌うことは、自分や自分たちを表現することです。まずは、「歌いたい」「伝えたい」という気持ちを高めることが大切です。

　これから歌う歌の歌詞が、最高学年になった自分たちや卒業していく自分たちに関係していたらどうでしょうか。 きっと子供たちは、自分たちがなりたい姿を豊かに想像し、その思いを歌にのせて歌うことでしょう。歌詞をよく読んだり、想像したりすることは、子供たちの歌おうとする気持ちを高めるために不可欠なものです。一人一人が思いをもち、場面や情景を豊かに想像し、これらについて友達と交流し合うという過程を経て、一人一人の、クラスの、学校の歌が誕生します。例えば、歌詞をよく読み、歌詞に込められた思いや自分の歌への思いを付箋紙に書き込みます。これを拡大した歌詞に貼り、互いの思いを読み合ったり、伝え合ったりすることで歌への思いが高まります。そして、歌詞への思いを共に考えたり感じたりした友達と、素晴らしい歌を歌いたいという気持ちが高まっていきます。

6年生の歌唱教材　ベスト5

①『絆』
絆を大切にした、6年生のための歌です。出会いの春、学習発表会、1年間のテーマソングとして歌うことで、学級の絆が深まります。

②『離陸準備完了』
ノリがよい曲です。音楽の授業開きで使えます。伴奏も飛行機の離陸をイメージさせるドキドキわくわく感があり、歌の途中に簡単にハモることができる部分もあります。

③『WITH YOU SMILE』
合唱に慣れてきた頃に歌いたい歌です。気持ちのよい素直なメロディで、声を出しやすいです。かけ合いの部分は、男子と女子に分けて歌うと盛り上がります。豊かな発声の基本を身に付けるのに適しています。

④『変わらないもの』
お世話になった人たち（保護者や先生）への感謝の思いを優しく表している歌です。2月頃にこっそり練習し、保護者会や学習発表会、時にはサプライズで歌を披露し、感謝を伝えることもできます。

⑤『旅立ちの日に』
卒業生が歌う歌です。歌の力で、学級や学年を一つにして素晴らしい卒業式にしようと、卒業生の気持ちが燃え上がる歌です。

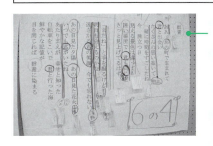

歌詞をよく読み、自分の歌への思いを付箋紙に書き込みます。思いを読み合ったり、伝え合ったりすることで、歌への思いが高まり、歌いたいという気持ちが高まっていきます。

4コマ漫画にすることも考えられます。①子供たちが拡大した歌詞カードに向かっている。②付箋紙などのカードに思いを書き、貼っていく。③互いの思いを感じ、歌おうという気持ちが出てくる。④みんなで合唱をする様子。

― 歌唱指導のポイント ―

教師が笑顔で生き生き歌うことと、歌詞や曲想に対する思いが大切です。教師の歌うことへの姿勢が子供に伝わり、少しずつ学級に広がっていきます。

家庭科の指導のコツ

しっかり準備で
バッチリ調理実習

----- ねらい -----

事前準備を計画的に行うことで、調理実習の不安を解消し、実践意欲を高めます。

 ## 環境の整備と事前の準備を大切に

　家庭科の学習では、意欲的な子供が多くいる一方で、自信がない子供も見られます。そこで、調理実習の活動の見通しをもてるようにして、不安を解消し、実践意欲を高めることが大切になります。調理実習を行う際には、事前の計画が欠かせません。右ページのような計画書を作成し、**材料、分量、必要な用具、つくり方の手順・役割などを細かに確認します。**綿密な計画があることで手順や役割が明確になり、活動もスムーズに行えます。

　必要な調理用具が決まったら実際に家庭科室で調理用具を探し、用意するものを確認するとよいでしょう。これにより、当日の時間短縮にもつながります。包丁等の危険を伴う用具については、事前に使い方を指導します。包丁等の持ち運びについては、教師が行うのがよいでしょう。なお、食中毒の危険性を考え、包丁やまな板については、事前に教師が熱湯消毒します。

　材料については学校で全て用意したり、子供が持ってきたりするなど方法は様々ですが、アレルギーのある子供への配慮や食中毒の危険性については、事前に家庭と連絡を取っておく必要があります。

　調理実習当日は、教師があたたかく見守ることで子供たち自身で話し合い、解決していこうとする態度の育成につながります。

第3章　子供たちの学習意欲を伸ばす！　6年生の授業のコツ

調理実習の際は、身支度も重要なポイントです。衛生面・安全面に配慮した身支度をさせましょう。家庭科室に掲示し、みんなで確認することも大切です。
○エプロン（胸まで隠れる形）。
○三角巾（髪の毛は出ないように）。
○袖口はまくっておく。
○つめは短く切っておき、手は石けんで洗う。

足元に荷物を置かないようにしましょう

床がぬれたら、すぐにぞうきんでふきましょう

家庭科室での約束は拡大して掲示しておき、実習前に全体で確認しましょう。

調理実習計画書（例）

調理実習は試食分がつくれればよいものとし、昼食のことを考え、分量は少なめに設定します。または、実習を給食のない日に設定する方法も考えられます。

つくり方の手順や役割を細かく計画し、教師がチェックした上で実習に臨みましょう。綿密な計画が実習の成功につながります。

振り返りはグループで行った後、個人で記入するようにします。よかったことだけでなく、次回につながる課題も出せるとよいでしょう。

── 家庭での実践のポイント ──

　各家庭には事前に調理実習をすることを伝え、調理のポイントや各家庭こだわりの味付けなどをアドバイスしてもらえるようにすると、子供たちの実践意欲もさらに高まります。家庭に材料を用意してもらう場合、学年だより等で早めに連絡をしておくようにしましょう。

体育科の指導のコツ

ICT機器を活用した楽しいマット運動

ねらい

自分の技を客観的に見たり、手本と比較したりすることで、自分の課題に気付き、課題を解決するための練習を進んで行えるようにします。

よりよい動きができるように考えよう！

　器械運動（マット運動など）や陸上運動（走り高跳びなど）の動きは、ポイントとなる動きが一瞬で終わってしまうので、客観的に自分の動きを捉えることが難しい学習です。そこで、ICT機器を活用することが考えられます。カメラを使って静止画として自分の姿を確認したり、ビデオを使って動画として確認をしたりします。意識して行った動きができていたかを確かめたり、どうすれば自分の課題を解決できるのかを考え、課題に向けて練習したり、動きを意識したりすることが学習を深めます。また、友達とアドバイスをし合うなど、一緒に学習を進めることで、学級内の人間関係を深めることにもつながります。

学習の流れ（7時間扱い）
1　回転系の基本的な技のポイントを確認しながらマット運動を楽しむ。
2　巧技系（倒立など）の基本的な技のポイントを確認しながらマット箱運動を楽しむ。
3～4　自分に合った回転系や巧技系の技に挑戦してマット運動を楽しむ。
5～7　自分に合っためあての解決方法を選んで、マット運動を楽しむ。
　※タブレット型の端末などを使えば、より手軽に動きを確認することができます。撮影データを機器内に残したままにしないようにします。

ICT活用の様子

確認したいポイントが写る位置で撮影をします。

もう少し早く手をつくともっとスムーズに回れそうだね。

背中を丸めることを意識できたね。

―――― ICT機器活用のポイント ――――

　カメラやビデオ、タブレット端末などの使い方については難しくないものを選び、写し方は事前に確認をしておきましょう。ICT機器は、動きを確認したり、練習方法を考えたりするためのツールとして使いましょう。また、ICT機器に気を取られ、安全への配慮を怠ることがないように気を付けましょう。

体育科の指導のコツ

保健の指導
心と体は密接な関係

── ねらい ──

高学年になると、日常生活のいろいろな面で不安や悩みを抱えるようになります。このようなときに自分ならどう対処するかについて考えることで、対処する方法を学びます。

 ## 不安や悩みは誰にでもある

体育の保健領域「心の健康」では、心は発達すること、心と体は密接な関係があること、不安や悩みなどへの対処には、いろいろな方法があることを理解できるようにします。

学習の流れ （3時間扱い）

1時間目 心はどのように発達していくのか考えよう。
　（幼少期と今を比較して、年齢に伴い心が成長したことを知る）

2時間目 心と体のつながりを考えよう。【資料1】【資料2】
　（事例を通して、心と体は互いに影響し合うことを知る）

3時間目 不安や悩みがあるときには、どうしたらよいのか考えよう。
　（不安や悩みには、自分に合った対処法を選択することが大切であることを知る）

対処法の例　・身近な人に聞いてもらったり相談したりする。
　　　　　　　・十分に休養をとる。・体を動かして気分を変える。
　　　　　　　・音楽を聴いたり、好きなことをしたりして気分転換する。

この単元の学習では、不安や悩みを解決するのではなく、心と体のつながりや自分に合った方法で対処できるということを学びます。

4コマ漫画の活用

隠すコマを変えることで、考えさせるポイントを変えることができます。

(お話)

1　夏休み、毎日元気に遊びました。
2　気が付くと、明日から学校です。
　　宿題は、全然終わっていません。
3　【ここを隠すと、なぜ体に影響が出たのか原因を考えていく】
　　このままでは、締め切りに間に合わないかもしれない……。
4　【ここを隠すと、体への影響を考えていく】
　　あぁ、明日のことを考えるとお腹が痛くなってきた……。

(注意) 隠すコマは一つにする。

【資料1】

【資料2】

―― 心の健康のポイント ――

　地域人材の活用や養護教諭、栄養教諭、学校栄養職員等との連携・協力を行うなど、多様な指導方法の工夫が考えられます。その場合は事前の打ち合わせをしっかり行い、授業のねらいを理解してもらいます。具体的な場面の提示によって、個人が悩むことがないような配慮が必要です。

外国語科の指導のポイント

文字指導のアクティビティ

ねらい

発達の段階に応じた「読むこと」「書くこと」に慣れ親しみ、積極的に英語を読もうとしたり書こうとしたりする態度を育みます。

読むこと、書くことにも慣れ親しもう

　2020年から5・6年生においては外国語活動が外国語科となり、「聞くこと」「読むこと」「話すこと［やり取り］［発表］」「話すこと」の4領域を扱います。3・4年生では「聞くこと」「話すこと」を中心とした外国語活動が実施されます。

　学習指導要領解説には、「書くこと」に関して、「四線上に書くことができるようにすること」や「語順を意識しながら書き写すこと」「自分のことや身近で簡単な事柄について、例文を参考に書くことができるようにする」とあります。単に、中学校で学ぶ内容を小学校高学年に前倒しするのではなく、身近なことに関する基本的な表現によって、各領域の豊かな言語活動を行うため、発達の段階に応じた「読むこと」「書くこと」に慣れ親しみ、積極的に英語を読もうとしたり書こうとしたりする態度を育成することを含めた初歩的な運用能力を養うことが大切です。

　右ページでは、現行の学習指導要領では取り扱うことのなかった6年生における文字指導について「Hi, friends! Plus」等を活用しながら段階的、継続的にアルファベットの文字に慣れ親しみ、文字への興味・関心を高められるようなアクティビティを紹介します。

キーボードシートを活用した実践

　アルファベットチャンツに合わせて指を動かし、パソコンのキーボードにおけるアルファベットの位置を確認していきます。慣れてきたら曲調を変えたチャンツで難易度を上げることで、楽しみながらアルファベットを覚えることができます。

「Hi, friends! Plus」のページを活用したアルファベットの書き方や単語の練習

　「Hi, friends! Plus」のページを印刷し、A～Zの書き方指導や単語の学習プリントを作成します。
　10分間程度の時間でも活用でき、短時間での文字指導に効果的です。

アルファベット文字当てパズル

　「Hi, friends! Plus」には、アルファベット文字当てパズルというゲームが入っています。全体で手順を確認し、「Hi, friends!」のアルファベットカードを活用しながら友達同士で文字当てゲームをします。
　カードをあける際には、既習の会話文である「What do you want?」「○ card please.」を使って隠れている小文字のアルファベットを見付ける活動をします。

―――― 文字指導のポイント ――――

　小学校における文字指導については、中学校外国語科の指導とも連携させ、子供たちに対して過度の負担を強いることなく指導する必要があります。

道徳科の指導のコツ　教材「ミレーとルソー」

「本当の友情」とは何かを考える

> **ねらい**
>
> 相手の立場を考え、お互いに信頼し学び合って、友情を深めようとする心情を育てます。
>
> 〈内容項目〉B　友情、信頼

相手の立場や気持ちを考え、寄り添い合う信頼関係

　教材「ミレーとルソー」で、ルソーがミレーの絵を買い取ったのは、単に困窮したミレーの生活に同情したからではありません。買い取った理由は、ルソーがミレーの才能を信じ、存分に絵を描いてほしいと願ったからです。ミレーの絵をそっと買い取ったルソーの心情を十分に想像することによって、本当の友情について考えていけるように展開していきます。

　相手の立場や気持ちを考え、そこに寄り添い理解し合えたとき、人と人は信頼で結ばれ、お互いを認め合うことができるようになります。このような信頼で結ばれた関係は望ましい人間関係であり、友情であると考えられます。そして、さらに相手のよい面に学び、自分自身も成長しようとする気持ちをもち、互いの成長を願うことが友情を深めることにつながります。

　6年生では、自分のことだけではなく、友達や周りの人に対して高い意識と関心をもって友達や活動に関わっていこうとする実態が多く見られます。このように人間関係に対する意識が高まりつつある中で、本教材を通して、**友達との友情を深めるために、自分の思いを伝えること、相手の気持ちに寄り添い、あゆみ寄っていこうとする態度を育てていきます。**また、本当に相手を思うことは、相手を信じ、行動することであることにも気付けるよう助言していきます。

第3章 子供たちの学習意欲を伸ばす！ 6年生の授業のコツ

板書例

①アンケートで関心をもつ

〈友達に関するアンケート〉

「友達との関わりでうれしいこと（悩むこと）はありますか。」

（事前にとっておきます）

②教材を読み、発問から考えを深める

発問1
ルソーの部屋で自分のかいた絵を見て涙を流したとき ミレーはどんなことを考えていたのだろう。

発問2
ルソーがうそをついてまで ミレーの絵を買ったのはなぜだろう。

③自分が考える「本当の友情」について話し合う

短冊を利用し、自分が思う「本当の友情」とは何かを話し合い、考えを深めます。道徳的実践へとつなげていけるよう、自分の考えをワークシートに残していきます。

総合的な学習の時間の指導のコツ

教科の力が探究学習を充実させる

ねらい

各教科等で学んで得た知識や技能を使って新しい考えを導き出すことで、探究学習の楽しさを感じられるようにします。

学んできたことを使おう

　子供たちは、6年生になるまでに各教科等でたくさんのことを学習してきています。例えば国語のレポートの書き方の学習では、実際にレポートを書いたり、より相手に伝わりやすくなるように、互いに読み合ったりしました。算数のグラフの学習では、データをグラフに表したり、円グラフや帯グラフを読み取ったりしました。社会では地域に目を向けて、そこで頑張る人の思いや願いなどを通して学習を進めたり、理科では変化を調べるときには、条件を制御してから比較をすることや、実験は複数回行うことの大切さを学習しました。この他にも、音楽・家庭・図画工作・体育・道徳・特別活動でたくさんのことを学習してきたことでしょう。**総合的な学習の時間では、これまでに学んだ全ての知識や技能を総動員させて、新しい考えを導き出していきます。**

　子供たちは、普段の学習や実生活の中で、すでにこのようなことを行っています。総合的な学習の時間では、子供の願いや思いを出発点にして、計画的に学びます。これまで学習した内容を活用することで**「学習してよかった」「自分たちで調べたりまとめたりできる」**という達成感や自信につなげていくようにしましょう。

第3章 子供たちの学習意欲を伸ばす！ 6年生の授業のコツ

「日本再発見 ～日本の心を感じよう～」

現在の子供の姿
　社会の学習で、室町文化に興味をもった。しかし、文化の魅力についてはまだよく分からない。毎日の生活でも伝統文化については馴染みがない。

探究学習1　伝統文化の魅力を発見しよう

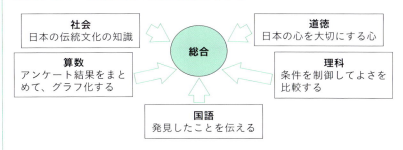

探究学習2　伝統文化の魅力を発信しよう

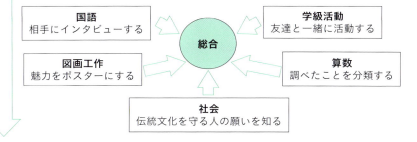

目指す子供の姿
　日本の伝統文化を継承する方々の思いを知り、自分たちも体験することを通して、伝統文化のもつ「日本の魅力」を感じたり発信したりして、伝統文化を大切にしていこうとする。

──── 総合的な学習の時間のポイント ────

　各教科等で学んだ知識や、身に付けた技能を使って学習を進めます。日頃の学習を丁寧に行うことが、総合的な学習の時間の充実につながります。

特別活動　ここがポイント学級活動

学級活動で信頼し合える豊かな学級づくりを

ねらい

学級活動の在り方について理解し、育成を目指す資質・能力の視点である「人間関係形成」「社会参画」「自己実現」を目指した学級活動を実践できるようにします。

学級活動で、仲間づくり・生活づくり・自分づくり！

学習指導要領解説では、特別活動で育成を目指す資質・能力の視点として、**「人間関係形成」「社会参画」「自己実現」**の三つを挙げています。学級の仲間との豊かな人間関係づくりを目指し、自分たちの生活を自分たちでつくっていく態度を育て、自分自身をつくっていく自己指導能力の育成を目指します。

学級活動は、（1）〜（3）の内容に分けられます。学級活動（3）は平成29年の学習指導要領の改訂で新設されました。

(1)「学級や学校における生活づくりへの参画」
(2)「日常の生活や学習への適応と自己の成長及び健康安全」
(3)「一人一人のキャリア形成と自己実現」

(1) では、「学級会」での「話合い活動」「係活動」「集会活動」といった内容が挙げられます。子供の自発的、自治的な集団活動の計画や運営に関わるものです。「学級会」では、「集団討議による合意形成」を目指します。

学級活動（2）及び（3）は、「集団思考（話合い）を生かした個々の意思決定」を目指して個人のめあてを立てて実践します。学級活動の充実は、児童会活動やクラブ活動、学校行事の充実にもつながります。

学級活動の内容

学習指導要領（平成20年）	
学級活動（1）	**学級活動（2）**
学級や学校の生活づくり ア　学級や学校における生活上の諸問題の解決 イ　学級内の組織づくりや仕事の分担処理 ウ　学校における多様な集団の生活の向上	日常の生活や学習への適応及び健康安全 ア　希望や目標をもって生きる態度の形成 イ　基本的な生活習慣の形成 ウ　望ましい人間関係の形成 エ　清掃などの当番活動等の役割と働くことの意義の理解 オ　学校図書館の利用 カ　心身ともに健康で安全な生活態度の形成 キ　食育の観点を踏まえた学校給食と望ましい食習慣の形成

学習指導要領（平成29年）		
学級活動（1）	**学級活動（2）**	**学級活動（3）**
学級や学校における生活づくりへの参画 ア　学級や学校における生活上の諸問題の解決 イ　学級内の組織づくりや役割の自覚 ウ　学校における多様な集団の生活の向上	日常の生活や学習への適応と自己の成長及び健康安全 ア　基本的な生活習慣の形成 イ　よりよい人間関係の形成 ウ　心身ともに健康で安全な生活態度の形成 エ　食育の観点を踏まえた学校給食と望ましい食習慣の形成	一人一人のキャリア形成と自己実現 ア　現在や将来に希望や目標をもって生きる意欲や態度の形成 イ　社会参画意識の醸成や働くことの意義の理解 ウ　主体的な学習態度の形成と学校図書館等の活用
集団討議による合意形成	集団思考を生かした個々の意思決定	

学級活動（1）

学級活動（2）

学級活動（3）

POINT ── 学級活動のポイント ──

　学級活動の時数は35時間です。（1）（2）（3）の時数については、学習指導要領には明記されていませんが、高学年においては（1）を20〜25時間、（2）と（3）で10〜15時間とすることが考えられます。子供たちにとって、学習や生活の基盤となるのが学級です。学級活動（1）の充実により、子供たちが自らよりよい生活や人間関係をつくることができるようにします。

特別活動　学級会の進め方①　事前の活動

学級会の事前の活動 計画委員会を開こう！

ねらい

学級活動の中心的な活動となる「学級会」における事前の活動としての議題の選定や、司会グループに提案者を加えた計画委員会のもち方について理解し、子供たちが主体的に話合い活動を行えるようにします。

 事前の計画委員会で、学級会の充実を！

「学級活動（1）」は、下記のような学習プロセスで行うということが、学習指導要領解説に示されています。

学級活動（1）のプロセス

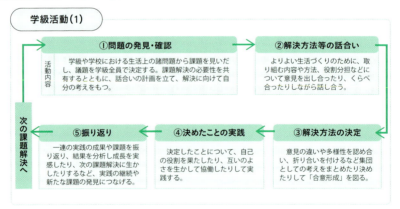

この学習プロセスの①が事前の活動に当たります。朝の時間や休み時間などを活用して、取り組んでいきます。ここでは、議題を集める方法や計画委員会の進め方について紹介していきます。

第3章 子供たちの学習意欲を伸ばす！ 6年生の授業のコツ

①議題を集める議題箱の設置

学級に議題箱を設置し、みんなで話し合いたい内容を募集します。議題としては、「学級内の生活上の諸問題の解決や集会活動の計画、楽しく豊かな学級生活を送るためのきまりや工夫などが考えられる」と学習指導要領に示されています。子供のつぶやきをもとに議題とすることもあります。

子供に任せることができない内容
個人情報やプライバシーの問題、相手を傷付けるような結果が予想される問題、教育課程の変更に関わる問題、校内のきまりや施設・設備の利用の変更などに関わる問題、金銭の徴収に関わる問題、健康・安全に関わる問題。

②議題の選定

議題箱に寄せられたものの中から、司会グループを中心に次の学級会の議題を選定します。その際、子供の自発的、自治的な活動として子供に任せることができる内容か否かを判断する必要があります。

③活動計画の作成

司会グループと提案者で、計画委員会を組織し、右のような活動計画を自分たちで書き込み、話合いのめあてや話合いの流れ、気を付けることなどについて話し合います。

――― 議題選定のポイント ―――

学級会は、基本的に学級における諸問題について話し合う場です。代表委員会から下りてきたものや、生活目標に関するものを話し合うだけでは、本来の内容とは言えません。学級の子供たちの必要感から生まれた議題を話し合えるようにします。

特別活動　学級会の進め方②　本時の活動

学級会で、折り合いを付けて合意形成！

ねらい

学級会では、自分とは異なる意見や少数意見のよさを生かしたり、折り合いを付けたりしながら、みんなで合意形成していく態度を養います。

みんなで話し合って、みんなで決める学級会！

　学級会では、集団討議による合意形成を目指します。少数意見のよさを生かしたり、折り合いを付けたりしながら、学級をより豊かにしていくために話し合って、みんなで決める活動です。学習指導要領解説には、「学級活動（1）の発達の段階に即した指導のめやす」として、高学年の「学級会」においては、次のように示されています。

○教師の助言を受けながら、児童自身が活動計画を作成し、話合いの方法などを工夫して効果的、計画的に運営することができるようにする。
○学級のみならず学校生活にまで目を向け、自分の言葉で建設的な意見を述べ合えるようにし、多様な意見のよさを生かして楽しい学級や学校の生活をつくるためのよりよい合意形成を図るようにする。

　6年生であっても、これまでの経験が少ない場合には、教師の適切な指導の下で進めていくことも必要です。
　多数派の意見だけでなく、少数意見なども大切にしながら、折り合いを付けて合意形成をすることが大切です。

第3章 子供たちの学習意欲を伸ばす！ 6年生の授業のコツ

学級会の板書例

時計マーク
終了予定時刻を明記しておきます。

短冊
出された意見を短冊に書いて、黒板に貼ります。分類整理するのに効果的です。

話合いのめあて
提案者の思いを受け、学級として、何のための活動か、何を目指して話し合うのかを明記します。

話し合い
主に①では「何をするか」、②では「どのようにするか」、③では役割分担を話し合います。

賛成マーク・反対マーク・決定マーク
色分けして示すなどして、話合いの状況や過程が分かるようにします。決定マークもあると分かりやすいです。

提案理由
提案者の思いをまとめ、提示しておきます。

話合いの流れ

学級会は、基本的に右のように進めます。話合いでは、「出し合う」「比べ合う」「まとめる（決める）」という流れで進めます。

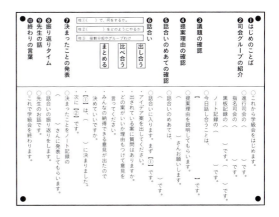

―― 学級会のポイント ――

学級会の経験が十分でない場合は、6年生であっても、教師が積極的に司会グループをサポートする必要があります。また、最初のうちは、「話合うこと」を絞り、重点化を図るようにします。

特別活動　学級会の進め方③　事後の活動

みんなで決めて、みんなで実践！事後の活動

ねらい

学級会で話し合って、みんなで決めたことを、みんなで実践していくことの価値に気付き、豊かな人間関係の形成を目指した実践を通して、自分たちで豊かな学級生活をつくっていく態度を養います。

集会活動でクラスの仲を深めよう

学級活動の活動形態として、学習指導要領には**「話合い活動」「係活動」「集会活動」**が挙げられています。このことから、学級会での議題も集会活動に関わるものから選定されることもしばしばです。

一口に集会活動といっても、その活動は様々です。

室内での集会の例	屋外での集会の例
・教室での簡単な遊びを行う集会 ・学級のオリジナルの遊びをつくる集会 ・得意なこと発表会 ・ミニ学級集会	・外遊び集会 ・ミニ運動会 ・ミニオリンピック集会

大切なのは、何のために行う集会活動なのかということです。単に「遊びたいから」ではなく、子供の願いを教師と計画委員会でしっかり聞き取り、その活動を行うことで、どんな姿に成長していきたいかということを練り、「話合いのめあて」を明確にします。ここでは、いくつかの集会活動について紹介します。

「イチ・ロク」なかよし集会をしよう

1年生が学校生活に慣れてきた頃、「もっと1年生との交流をしたい」という6年生の声から、掃除や給食の手伝いをしてきた1年生の学級と、「イチ・ロク」なかよし集会をした例です。交流の場合、他学級の学活の時間を使うのは望ましくないため、休み時間などを活用して実践します。

暑さに負けるな！ 夏集会をしよう

7月中旬に、「夏の暑さを吹き飛ばして元気になってクラスを盛り上げたい」という思いから夏集会を議題に話し合いました。夏にやりたいことベスト5を発表し、おばけの飾りをつくるなどし、協力しながら実践しました。事前に指導すべきことに配慮することが大切です。

絆オリンピックをしよう

学級会で、絆オリンピックをしようという議題で話し合い、「8の字跳び」「リレー」に加え、「ムカデ競走」を行いました。メダル作製や得点係など、役割を全員で分担して準備を進めます。

事後の活動のポイント

話し合ったことは、みんなで協力しあって実践することが大切です。全員に役割があることで、集会活動に主体的に参画することができます。休み時間などを使って、役割分担にもとづいて準備を進めていきます。みんなで集会を盛り上げることを目指して、役割毎に分担して準備を行うことも「協力」の一つの形であることに気付けるようにします。

特別活動　学級活動（2）（3）の進め方

学級活動で、集団思考を生かした意思決定

ねらい

学級活動の内容（2）及び（3）の基本的な進め方を教師が理解し、子供たちが学級での話合いを生かして、自己のめあてを意思決定できるようにします。

めあてをもって生活しよう！学級活動（2）（3）

　学級活動は、これまで学級活動（1）と学級活動（2）で構成されていました。平成29年の学習指導要領の改訂で、学級活動（2）が分かれ、（2）「日常の生活や学習への適応と自己の成長及健康安全」と、（3）「一人一人のキャリア形成と自己実現」で構成されました。

　学習指導要領解説には、次のように学習プロセスの例が示されています。

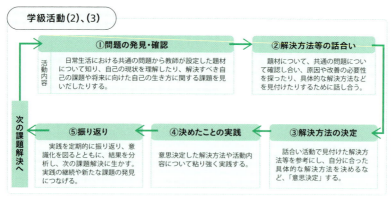

　ここでは、学級活動（3）「ウ　主体的な学習態度の形成と学校図書館等の活用」をもとに紹介します。

第3章 子供たちの学習意欲を伸ばす！ 6年生の授業のコツ

学級活動（3）ウ題材「主体的な学習」

①つかむ　　　　　　　　　　　　　　　　②さぐる

夢がある人は多いけど、そのための努力をしている人は少ないね。

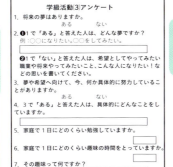

夢と今の学習って何か関係があるのかな。夢がサッカー選手だから体育は関係ありそうだけど…。

私の夢はパティシエだから、家庭科は頑張ってるよ。

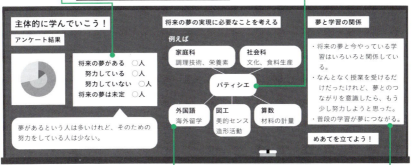

③見付ける　　　　　　　　　　　　　　　④決める

グループの友達と話し合って、それぞれの夢に関係しそうな学習について考えてみよう。

夢のために努力していないと思っていたけど、普段の学習を頑張っていることが夢につながるね。

私は、夢のために算数の学習時間を今より15分増やすことをめあてにするよ。

――― 学級活動（2）（3）のポイント ―――

一人一人が具体的な行動目標を立てることが大切です。そして、立てためあてを意識して実践し、振り返って次に生かします。そうした一連の活動は、自分づくりにつながります。6年生には、「今の自分が大切」「自分をつくるのは自分自身」という意識をもてるようにしたいものです。

第 4 章

6 年生で使える「学級遊び」

6年生で使える「学級遊び」①

人間知恵の輪

用意する物：なし

概要

互いに声をかけ合い、アイデアを出すことを通して、集団内での自分の必要性や、受け入れてもらうことの心地よさを実感できるようにします。

STEP 1 波のストレッチ

「みんなで手をつないで、円になりましょう。私が右手を上下に大きく振って、右隣の人に『波』を送りますので、送られた人は、自分の右の人に送ってください。……波が戻ってきました。今度は全身の力を緩めて、大きな波を送りましょう」。

STEP 2 人間知恵の輪の説明を聞く

「守りのチームは、手をつないだまま、1分間で、できるだけ複雑にからんでいきます。解くチームは、その間、目を閉じておきます。1分たったら、手をつないだまま、元の輪になるように動きを指示して、解いていきます。手は離してはいけませんが、握り替えるのはOKです」。

第4章　6年生で使える〔学級遊び〕

STEP 3 作戦会議をする

「やり方は分かりましたか。それではグループごとに作戦会議を行ってください」。

「では、始めます。守りのチームは準備をしてください。解くチームは目を閉じて後ろを向いて待ちます」。

「はい、1分たちました。解くチームは3分以内にもとの輪になるように解いていきましょう」。

STEP 4 振り返りをする

「今日の活動はどうでしたか。今の気持ちを発表してください」。

・みんなで決めた作戦がうまくいって楽しく活動できました。

「これからのグループ活動でも、話し合って協力できそうですね」。

・振り返りを生かし、互いのよさに気付いたり、協力して取り組むことの楽しさに気付いたりできるようにします。

―― 指導のポイント ――

　実際に行う前には、モデルとなるグループを前に出して、実際に見本を示しながら説明すると、子供たちも理解しやすくなります。

　安全面に関しては、体に負担がかかっていないか、関節が無理にひねられているような格好になっていないかなど、注意して見ていましょう。

　身体接触を伴います。信頼関係ができてないうちは、無理な身体接触は逆効果になることがあります。クラスの様子をよく観察し、どの段階で行うか、考えましょう。

6年生で使える「学級遊び」②

フープを回そう！

用意する物：フラフープ（大、小）、フープがない場合はロープを輪にしたもの、ストップウォッチ

|概要|

楽しい活動を通して、新しい友達と気持ちを合わせる体験を通して、生活に生かすことができるようにします。

STEP 1　「キャッチ！」をする

「みんなで、輪になりましょう。左手の手のひらを上にして、隣の人の前に出します。右手は人差し指を下に向けて、右隣の人の左手の上に置きます。『キャッチ！』と言ったら、右手はつかまらないように素早く上に上げます。左手は、隣の人の指を素早くつかもうとします。キャッチ以外の言葉のときは、手を上げたりつかもうとしたりしません」。

STEP 2　フープリレーのやり方を知る

「みんなで輪になって手をつなぎます。どこか1か所に大きいフープを入れます。『始め』の合図で、フープをどんどん隣に送っていきま

す。ただし、誰も手を離してはいけません。手を離さずにフープを1周させ、もとのところまで戻します。ルールは、手を離さない、手の指を使わないの2つです」。

STEP 3 活動する

「タイムを計ります。そのタイムを縮められるように作戦を立てましょう。どのくらい縮められるか、挑戦です」。

※バリエーション

大きなフープでできたら、小さなフープを加え、大きなフープは時計回り、小さなフープは反時計回りで回します。

STEP 4 振り返り

「どんな工夫をしたら、タイムがよくなりましたか」。

「グループとして何が大切だと思いましたか」。

「楽しかった」「いいタイムが出なかった」ということを振り返るのではなく、グループで協力して取り組むことで成果が上がることに気付き、これからの学級生活に生かすことができるようにします。

──── 指導のポイント ────

「キャッチ！」のときは、手で筒をつくって、そこに人差し指を入れるやり方だと、ぎゅっとつかまれたときに指を脱臼することがあるので、手のひらに乗せるやり方にするなど、怪我には十分に気を付けましょう。

タイムトライアルの場合、他者との比較ではなく、自分たちの成長を自分たちで実感できることが大切です。

6年生で使える「学級遊び」③

共同絵画

用意する物：画用紙（グループに1枚）クレヨン（グループに1箱）

概要

言葉を使わず絵を描く作業を通して、友達の思いを察したり、自分の気持ちがどう伝わるかを感じたりすることをねらいとしています。

STEP 1 活動の仕方やめあてを確認する

「今日は、グループで力を合わせて、1枚の絵を描きます」。

「共同作業することで、チームワークを高めることがねらいです」。

「1枚の絵を、声を出さずに、全員が交替して描きます。一人必ず4回は描けるように交替しましょう」。

STEP 2 進め方を確認する

進め方については、板書するか、紙に書いたものを掲示し、子供たちがいつでも確認できるようにします。

「絵の中には必ず『家・人・木・川』を描いてください。それだけは、どの班も守ってください」。

① 4人1組でグループをつくる。
② 絵を回転させ、15分間、途中の絵の続きを描きます。
③ 絵を描いている15分間はしゃべってはいけません。
　交代の合図が出たら、途中でも交代します。
④「時間です」の合図で描くのをやめます。

STEP 3 共同絵画を行う

「どうやって4つのものを入れるか工夫しましょう」。「はい、終わりです。もうしゃべってもいいですよ」。
◇しゃべっている子や、うまくグループに入れない子供を支援します。
※バリエーションとして、入れるものの4つを「春・夏・秋・冬」や「動物」などに代えることもできます。

STEP 4 振り返り

「描いているときにどんな気持ちがしましたか。でき上がった絵についてどう思いましたか」。

「話さなくてもグループの友達の気持ちが分かりましたか。自分の気持ちを分かってもらえましたか」。

「では、描いたものをみんなに見てもらいましょう」。

作品の出来映えではなく、つくっている途中の協力していた様子にもふれ、よさや頑張りを具体的に称賛します。

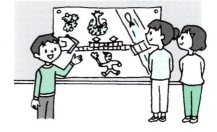

指導のポイント

　子供たちが安心して、活動に参加するためには、めあてやルール、活動の流れ等を掲示し、繰り返し確認できるようにしておくことが大切です。自分の描いた絵を消されたり、描こうとしていたものを違うものに解釈されたりして、傷付いている子供がいないかを見極めて、シェアリングのときに気持ちを語れるように支援します。

6年生で使える「学級遊び」④

Birthday line.

用意する物：なし

概要

言葉を使わず友達と協力しながら、誕生日順に並ぶアクティビティの中で、英語で自分の誕生日を伝えられるようにします。

STEP 1　チャンツ「Twelve Months」をする

「今日は、誕生日に関係するアクティビティをします」。
「リズムに乗って、月の言い方を言ってみましょう。」

STEP 2　言葉を使わず、誕生日順に並ぼう

「みんなそれぞれ誕生日がありますね。これから、誕生日順に並んでみましょう。ただし、何も話さないで、言葉を使わずに並びます。私の左側を1月1日、私の右を12月31日にします。どうすればいいか、考えながら並んでみましょう」。

第4章　6年生で使える「学級遊び」

STEP 3　誕生日の聞き方、言い方を知る

「みんなで、誕生日の聞き方、言い方を練習しましょう」。
When is your birthday?
My birthday is 27thJune.

STEP 4　みんなで誕生日順を確かめる

「では、誕生日順に並べているか、みんなで確かめてみましょう」。
「全員で、When is your birthday? と聞きます。そして、私の左の人から順番に My birthday is 〜. で答えていきましょう」。
※ When is your birthday? のチャンツの活用も考えられます。

——————— 指導のポイント ———————

英語を使うエクササイズは、そのフレーズを使う必要があるという状況をつくることがポイントです。誕生日順に並べているか確かめる段階で、順番を間違えている子供がいたら、「間違い」と強く指摘するのではなく、「場所が違うことに気が付いたら、移動していいですよ」と全体にさりげなく話すようにしましょう。間違えることは大したことではない、移動すればいいだけ、というメッセージを伝えます。

6年生で使える「学級遊び」⑤

What do you want to be?

用意する物：職業カード

概要

英語に親しみながら、友達との関わりを深め、仲間意識を育てます。

STEP 1 チャンツ「What do you want to be?」をする

「今日は、将来何になりたいかについてのアクティビティをします。

リズムに乗って、What do you want to be? のチャンツをしましょう」。

STEP 2 何になりたいか？を尋ねる言い方と答え方を知る

What do you want to be ?
「どう答えますか」。
I want to be a cook.
I want to be a Teacher.
I want to be a baseball player.
I want to be a astronaut.

友達がいろいろな夢をもっていること、これからなりたい自分に向けて、頑張ることが大切であることも、この活動を通して伝えます。

第4章 6年生で使える「学級遊び」

STEP 3 何になりたいでしょうゲームをする

「では、グループになって、友達のなりたい職業についてのヒントを聞き、当てましょう。このとき、ジェスチャーを使ってもいいですよ」。
全員：What do you want to be?
Aさん：I give you a hint.
　　　　I have a knife.
Bさん：One more hint, please.
Aさん：I have a pan.
Cさん：Do you want to be a cook?
Aさん：Yes, I do. [No, I don't.]

STEP 4 夢をかなえる

「Aさんのコックさんになるという夢を、グループの人でかなえてあげましょう。グループの人は、お店のお客さんや、コックさんの仲間の役をやってあげるといいですね」。

グループの残りのメンバーで、Aさんの〜になりたいという夢がかなった状態を、Aさんを主役にして、寸劇で表します。一人につき、話合いを含めて3分程度で、順番にグループのメンバー全員の夢をかなえます。

―――――― 指導のポイント ――――――

　コミュニケーションの手段である英語を、気負わず、気後れせず、使いたくなる気持ちにさせるような雰囲気にすることが大切です。歌を歌ったり、チャンツをしたりしてフレーズや単語を体験すると自然と聞き取る力が付いてきます。また、子供たちへの簡単な指示［Stand up./Sit down./Repeat after me.］やほめ言葉［Very good./Nice］などを、日頃から多く使いましょう。

［編著者］

安部 恭子　Abe Kyoko

文部科学省初等中等教育局教育課程課教科調査官〔特別活動〕
国立教育政策研究所教育課程研究センター研究開発部教育課程調査官

特別活動サークルや研究会での、たくさんの仲間や尊敬する先輩たちとの出会いにより、特別活動の素晴らしさを実感し大好きになる。大宮市立小学校、さいたま市立小学校、さいたま市教育委員会、さいたま市立小学校教頭勤務を経て、平成27年4月より現職。

橋谷 由紀　Hashitani Yuki

川崎市教育委員会総務部担当部長

［執筆者］

青木 洋俊	神奈川県川崎市立上作延小学校教諭
片山　健	神奈川県川崎市立向丘小学校教諭
下村 智英	神奈川県川崎市立麻生小学校教諭
田中 潤也	神奈川県川崎市立下河原小学校教諭

「みんな」の学級経営
伸びる つながる 6年生

2018（平成30）年3月22日　初版第1刷発行

編著者　安部恭子・橋谷由紀
発行者　錦織圭之介
発行所　株式会社 東洋館出版社
　　　　〒113-0021　東京都文京区本駒込 5-16-7
　　　　営業部　TEL：03-3823-9206
　　　　　　　　FAX：03-3823-9208
　　　　編集部　TEL：03-3823-9207
　　　　　　　　FAX：03-3823-9209
　　　　振　替　00180-7-96823
　　　　ＵＲＬ　http://www.toyokan.co.jp

［装　丁］中濱健治
［イラスト］オセロ（赤川ちかこ）
［編集協力］株式会社あいげん社
［本文デザイン］竹内宏和（藤原印刷株式会社）
［印刷・製本］　藤原印刷株式会社

ISBN978-4-491-03500-0　　Printed in Japan

JCOPY ＜(社)出版者著作権管理機構 委託出版物＞
本書の無断複写は著作権法上での例外を除き禁じられています。複写される場合は、そのつど事前に、(社)出版者著作権管理機構（電話 03-3513-6969、FAX 03-3513-6979、e-mail: info@jcopy.or.jp）の許諾を得てください。